做事之前先懂事

楊秉力◎著

原書名：大學教授忘了開的8堂人生課

前言

一九〇七年的某一天，美國密蘇里州馬爾塞勒地區的一個小鎮上，來了一個吹吹打打的雜技團。對於小鎮上的鎮民來說，這可是個新鮮玩意兒，由於當時還沒有電視，有些老人活了一輩子，這是第一次看到眞正的雜技團表演。

爲了吸引更多觀看人潮，雜技團的團長決定在小鎮唯一的大街上舉行遊行。遊行的當天，小鎮的人們就像是過節一樣，大家紛紛放下手裡的活，穿上漂亮衣服，來到街道兩旁等候，有些老太太還從自己家裡搬來小凳子和小桌子，準備好好看個夠。

正當遊行隊伍走完大約一半路程的時候，隊裡的小號手突然暈倒，這下可急壞了樂隊的指揮，他趕緊讓人把小號手送到醫院，並大聲詢問兩旁的觀衆當中是否有人會吹小號。

「我會！」人群中傳來了一個略嫌稚嫩的聲音。

只見一個五、六歲大的孩子從人群裡走了出來，用力爬上花車，然後仰著頭對樂隊指揮說道：「讓我來吹吧！」

於是指揮迅速調整了樂隊，遊行繼續進行起來……可遊行隊伍還沒過兩個街區，樂隊裡傳來的噪音就嚇暈了兩個老太太，只因爲小號聲實在太難聽了。

「怎麼回事？」樂隊指揮臉氣得通紅，他指著剛才的那個小孩子罵道，「你明明不會吹小號，剛才爲什麼說你會呢？」

「可是，先生，如果不試一下的話，」孩子一臉無辜地說道，「我怎麼知道自己不會吹呢？」

這個孩子就是後來的華德．迪士尼，米老鼠王國的創始人。

從天賦的角度來說，人與人之間其實並沒有太大差別，可爲什麼有的人能夠在短時間內有所成就，過著理想的生活，有的人卻奮鬥一生終無所獲，只剩下人生暮年的一聲歎息？爲什麼有的人能夠輕鬆打開成功之門，有的人卻始終在門外徘徊？爲什麼有的人付出每一分努力都會得到成倍的回報，有的人付出了十分的辛勞，最終卻只是徒勞……

成功一定有方法，而獲得這些方法的最有效捷徑，莫過於聆聽成功者的建議，本書就是這樣一本向有志成功者提供建言的讀本。跟市面上眾多講述成功理論的書不同，本書不講高深的理論，也沒有試圖提供任何看似玄妙的指導，本書所做的，只是將筆者對於成功人士的觀察和些許感悟總結出來，經過生動淺白的話語，呈現在讀者面前，希望能夠對讀者在待人、律己、管理自己的工作、對待生活的態度等方面產生一定的啟發和鼓舞。

本書綜合了包括華倫・巴菲特、比爾・蓋茲、山姆・沃爾頓、默多克、洛克菲勒、卡內基、湯姆・沃特森以及華德・迪士尼等八位全球頂級富豪在內的成功人士人生教訓，其中穿插了大量生動有趣的小故事，讓讀者在趣味昂然的閱讀過程當中，領略人生遊戲中制勝的規則要略。

如果說生活是一場遊戲的話，本書所講述的，就是這場遊戲的規則。按規則出牌的人必將獲勝！

目錄

前言

幸運隨時可能會來敲響你家大門，而只有那些懂得聆聽的人才能夠聽出幸運的聲音，所以要想交上好運，一個人首先必須練就一雙善於聆聽的耳朵。

第一章　當幸運來敲門

第二章 目標的意義

沒有目標的生活是毫無意義而且毫無效率的，偉大的人物往往是那些對未來充滿理想和憧憬的人，無論遭遇怎樣的困難險阻，他們總是一直高昂著頭，逼視著遠方的目標。

第三章 堅持：一念天堂，一念地獄

正像幾千年前的古希臘哲人亞里斯多德所說的，因果法則無處不在，成功和失敗也是如此。成功者和失敗者的唯一區別在於，面對困難的時候，失敗者選擇放棄，而成功者則選擇了堅持。

第四章　待人：造就人的學問

有的人選擇先給予別人信任，然後透過行動來印證對方是否值得信任；有的人選擇先懷疑別人，然後期待著對方用行動來證明自己是值得信任的。這是兩種截然不同的做法，它們所導致的結果也是截然不同的。

第五部分　幸福人生的三大法寶

熱情，堅持，平常心，永遠是幸福人生的三大法寶，那些毫無熱情的人生活是毫無意義的；而只有熱情，無法堅持的人也不可能取得成功；而在三者之中，唯有平常心可以讓我們在前行的道路上欣賞美妙的風景。

第六章　如何做好自己

做好自己並不是一件容易的事情，因為它意味著改變自己，突破自己，並在必要的時候強迫自己做一些自己並不願意做的事情。

第七章　管理以人為本

在任何管理行為當中，最困難的因素都是：人。正像著名的管理大師肯．布蘭佳所說的：「管理的最高境界在於學會照顧好你周圍的人！」

第八章　關於財富和生活

我們正處在一個很容易迷失的年代，而在這個年代，最容易讓人感到困惑的問題就是：財富和生活的本質是什麼？

第一章　當幸運來敲門

幸運隨時可能會來敲響你家大門，而只有那些懂得聆聽的人才能夠聽出幸運的聲音，所以要想交上好運，一個人首先必須練就一雙善於聆聽的耳朵。

1. 想捕捉幸運，首先要學會把握靈感

並非只有藝術家才需要靈感，各行各業一樣需要。同樣，靈感也不是藝術家的專利，每個人都會在自己的日常生活當中突然靈感迸發，只不過跟藝術家不同的是，很少有人會想要去把握自己的靈感。對普通人來說，靈感帶給他們的只是暫時的愉悅，他們大都不會透過實際的行爲來實踐自己的靈感，進而改變自己的生活。

在很多情況下，正是不經意間迸發出來的靈感改變了我們的生活。我們日常使用的電燈、電話、電視機、電腦，連同網際網路在內，都是靈感體現的結果。既然那麼多人都透過實踐自己的靈感改變了整個人類的生活，你也能夠。

瞭解威爾許的人都知道他不喜歡照本宣科地講話，也不願意參加那些有著固定安排的會議，在他看來，召開會議最重要的意義就在於：它可以讓不同的大腦在一起激盪出源源不斷的靈感，如果不能做到這一點的話，會議顯然就是失敗的。

正因如此，威爾許每次開會的時候總是會靈感突現，有時在會議開始進行之前，他總是會隨時把新的創意、想法，或者是問題寫下來。

一九八三年一月，威爾許在飯店用餐，突然對通用電器公司的未來發展規劃有了一些想法，於是他四處向人借紙，希望能夠把自己的這些想法趕緊記錄下來。可找了半天沒有找到，情急之下，威爾許只好拿起服務生擺在桌子上的紙巾，把自己的構想寫了下來。

「靈感，」在自己的自傳當中，威爾許這樣說道，「隨時可能擦身而過，所以我總是想盡一切辦法去捕捉它。」

2. 要想把握靈感，首先要敞開胸懷

每個人都有機會成為百萬富翁，這個預言一點都不誇張。無數功成名就的人都是在一念之間取得成功的，眾所周知，比爾·蓋茲進軍軟體業的決心，就是在哈佛大學廣場上讀到《大眾電子報》上一篇文章的那一刻定下的；而華德·迪士尼也是在從紐約回家的火車上偶然構思出米老鼠的形象，這樣的例子可謂不勝枚舉。

於是就有人慨歎，為什麼機遇只光顧某些人而忽視另外一些人呢？事實並非如此。機遇每天都會來到你的窗口，它們之所以沒有走進你的房間，原因就在於它們發現你的門總是緊緊關著。

眾所周知，可口可樂公司的創始人佩姆·雷登本來是一位醫生，發明可口可樂之前，他一直在亞特蘭大城經營一家藥店，小店規模不大，其主要業務是為客戶配製各種各樣的藥水。

一八六五年左右的一天下午，店裡的兩位夥計在佩姆的房間裡研究剛剛配製出來的碳酸藥水，出於好奇，一位夥計拿起佩姆的藥水喝了一口，「味道不錯，」他告訴自己的同伴，「你也來嘗嘗吧。」於是倆人你一口我一口，不知不覺間，剛配出來的藥水被喝掉了一半。

正在這時，佩姆突然來到房間，「快，我上午配製的藥水呢？」他急急忙忙地問道，「快，客戶正在前面等著呢！」

看到老闆著急的樣子，兩位夥計嚇壞了，趕緊對老闆說明了眞相。可讓他們大感意外的是，老闆似乎同樣感到驚訝，「你是說那些藥水眞的很好喝？」他似乎有點不相信自己的耳朵。

「確實如此，不信您嘗嘗。」

佩姆接過藥水，嘗了一口，「嗯，再加點糖水和碳酸就好了！」於是在接下來的整個下午，佩姆便悶頭在房間裡調試新的配方，完全忘記客戶還在等著自己。

終於，經過反覆調試之後，佩姆終於調出了自己想要的味道，並決定從第二天開始，在自己前面的櫃檯上把這種藥水當成飲料出售。結果可想而知，這種飲料大受歡迎。在炎熱的亞特蘭大，人們確實需要這種飲料！

時至今日，佩姆當初調製可口可樂的配方已經成爲當今世界上最值錢的秘密。每次回想起自己發明可口可樂的經過，佩姆都會不由自主地發出感慨：「上帝隨時會把靈感拋給任何一個人，我只不過是碰巧敞開了心靈而已。」

3. 永遠對新事物充滿熱情，幸運隨時會敲門

沒有人知道一件新的事物到底意味著什麼。但喪失對新事物的熱情及探索的勇氣，無疑是一件可悲的事情。

記得小時候讀過一篇很有趣的童話，童話裡的主人公是一瓶罐頭，它被上帝扔到凡間，每天躺在貨架上，等著被某位幸運的傢伙買走。據說吃到這瓶罐頭的人可以獲得神奇的力量，然而日復一日，始終沒有人拿走這瓶罐頭——因爲以前從來沒有人見過這樣的罐頭，在那些來到罐頭面前又掉頭轉身的人看來，由於自己以前從來沒嘗試過這種罐頭，所以它很可能是危險的——但是這些人都錯了！

著名的奧斯本電腦公司創始人，被譽爲攜帶型電腦之父的亞當．奧斯本就是一個不斷主動追求新事物，並且永遠對新事物充滿熱情的人。他一生四處漂泊，出生於泰國曼谷，二次大戰期間，他和母親一起居住在印度的小村莊裡，十一歲的時候前往英國，二十二歲又趕往美國求學，他先加入著名的殼牌石油公司工作了三年，後來跟老闆不合而憤然離職，自行創辦公司，其事業最高峰時，公司資產高達千萬美元。

奧斯本對新事物有著戀愛般的狂熱，早在現代電腦剛剛誕生不久，他就開始對其進行深入的研究，爲電腦用戶撰寫使用說明手冊，並進而成立了專門出版相關讀物的奧斯本出版公司；後來，當他發現電路體積有逐漸變小的趨勢，他突發奇想，「爲什麼不生產一種體積小、品質輕的攜帶型電腦呢？這樣，人們就可以很方便的把電腦帶在身邊，工作起來自然也會更加方便！」

產生這個想法之後不久，奧斯本在一次電腦展覽會上找到了一位合夥人，在他的說服與鼓動下，這位合夥人最終設計出一台攜帶型電腦。一九八一年四月，在美國西海岸的電腦展覽會上，奧斯本Ｉ型電腦問世，一夜之間轟動全美。

在評價這位ＩＴ業的里程碑式大人物時，他的一位朋友這樣說道：「或許正是因爲他對新事物的熱情，所以奧斯本總是迫不及待地把自己所知道的一切都說出去！」

4. 學習一切可以學習的，幸運就在其中

美國總統羅斯福當選之後，曾經去拜訪過一位幫助過自己的老人，當時老人已經七十三歲了，可當羅斯福走進老人家裡的時候，卻發現老人正在火爐邊低頭查字典。

「我尊敬的先生，能告訴我您在做什麼嗎？」羅斯福問道。

「我在學希臘文呢！」

「請告訴我您爲什麼要這樣做嗎？」

「學習可以使我的大腦保持運轉……」

學習這項活動本身給人們所帶來的收益絕不僅僅是一項技能或知識，它所養成的習慣可以使處於任何環境下的人保持競爭力，從這個角度來說，學習應該成爲所有人的一種生活方式，無論你處於何種行業，是什麼年齡。

雖然默多克的母親認爲「小魯伯特（母親對默多克的愛稱）除了在做生意上有點小聰明之外，他在其他方面都表現平平。」我們也必須承認，即便在牛津大學就讀期間，默多克也絲毫沒有表現出學習方面的天賦，他一度甚至因爲害怕考試不及格而備受困

擾，最後還是多虧了父親一位老朋友的幫助，才得以度過難關。

可即便如此，默多克還是在其後來的商業生涯中表現出高人一等的學習天賦，他尤其善於模仿市場上現有的材料內容，然後對其進行加工改造，使其更加具有默多克的特點，並進一步將其變成新的市場潮流。

據說，他在美國西海岸考察期間，有一天，帶領手下一起來到了美國內華達州的拉斯維加斯，一看到轉動的輪盤，天性好賭的默多克便再也克制不住自己。他一頭栽進賭場，直到把身上帶來的錢輸了個精光。

就當默多克摸著空空的口袋，一邊咒罵自己的運氣不佳，一邊四處張望的時候，他突然發現賭場門口陳列雜誌的架子很有意思。他如獲至寶，急忙讓自己的手下趕緊用相機把架子的樣子拍下來。

回到澳洲之後，默多克找來了默爾本一流的傢俱設計師，讓他們在最短的時間內，按照照片上的樣子設計出同樣的雜誌架，然後以最快的速度將其推向市場，免費配送給那些盡力銷售自己報紙的報攤。結果可想而知，從那天起，默多克的報紙被那些報攤擺上了最顯眼的位置，報紙的銷量因而大增。

5. 幸運青睞敢於打破常規的人

規則是一種既安全又危險的東西。

規則之所以安全，是因爲它代表著一種最爲普遍的行爲規範，能夠給人最爲穩定的心理預期，任何人只要按照規則付出了一定的勞動，就能夠得到相應的回報和結果。很多人相信，一旦違反了規則，他們就會得到相應的懲罰。

而另一方面，規則也是危險的，它很容易成爲一條看不見的「玻璃軌道」，於無形之中桎梏一個人的發展，使其變得毫無創新能力，乃至陷入平庸無爲的境地。我們可以設想一下，如果所有的航海家都遵守固定的航線，或許今天的北美大陸仍然人跡罕至，而如果所有的人都堅持認爲帆布只能搭帳篷的話，或許根本不會有牛仔褲這種東西。

從商業的角度來看，那些善於打破常規的人往往都具有極大的開拓精神，他們當中的許多人爲人類的生活開闢了一個全新的領域，從而使這個社會不斷進步，使整個人類社會的生活不斷突破現有的水準，變得日益豐富多彩起來——那些勇於突破的人最終也都因此取得了巨大的商業成功。

「永遠給觀眾一個選擇迪士尼的理由！」在一次集體研討會上，華德．迪士尼這樣對迪士尼的創作人員們大吼。

幾十年過去了，這一原則一直是迪士尼員工們的頑強堅持，華德．迪士尼的聲音也一直在整個公司裡迴盪不息。

當初在創作《小飛象》的最初階段，曾經有位來自製作部的高級經理一度想要否決「飛象」這個概念。按照這位高級經理的說法，「沒有人相信大象能夠飛起來，我們的這一創意會使整個公司淪爲外界的笑柄。」

「哦，那按照你的意思，我們的大象應該是怎樣的呢？」華德顯然有些不高興了。可那位經理好像並沒有注意到這一點，繼續侃侃而談道：「身軀龐大，粗鼻有力，而且渾身透著一股頑皮……」

「既然這樣，」還沒等這位經理說完，華德立即打斷道，「你能告訴我，別人爲什麼要看一隻毫不出奇的大象呢？」直到這個時候，這位經理才聽出老闆話裡的意思，臉馬上紅了起來，趕忙閉上嘴巴。

「在討論飛象應當具有哪些本領之前，我想請大家思考一個問題，」華德頓了頓，接著說道，「我們到底在哪些方面做到與眾不同呢？觀眾憑什麼花錢來看我們的大象，而不選擇去動物園？」

6. 只要留心，幸運無處不在

在當今這個世界上，正如沒有人懷疑邁可．喬丹是最偉大的籃球運動員一樣，恐怕也不會有人懷疑希爾頓在旅館業的地位。

創始人康得拉．希爾頓在上個世紀初一手建立起這個龐大的連鎖旅館王國，事業版圖涵蓋美洲、歐洲、亞洲等地區，集團經營管理著美國、英國、中國等全球七十多個國家數千家旅館。

在希爾頓王國發展的歷史上，曾經出現過一個非常有趣的小故事：

話說有一天，康得拉．希爾頓來到集團位於紐約鬧市的一家旅館，其中人來人往，服務人員迎來送往，個個笑容可掬，於是非常高興。可正當他準備離開的時候，突然發現酒店大廳裡的四根柱子都是實心的，雖然四根柱子外面也都包裝得光彩奪目，可是他總感覺有些地方出了問題，因爲他知道，這些柱子實際上只有裝飾作用。

回到辦公室以後，希爾頓左思右想，終於找出了問題的癥結所在。他連忙撥通了該旅館負責經理的電話，告訴他要把大廳裡的四根柱子全部換成中空的，而且柱子的外表也要換成玻璃櫃……

很快，幾天之後，這些柱子被改造成精緻的展示櫥窗，各大化妝品牌和煙酒品牌蜂擁而入，把四根柱子塞得滿滿的，使得整個大廳頓時生氣十足，旅館也因此獲得了一筆不菲的租金收入。

7. 敢於不斷嘗試的人終能交上好運

敢於嘗試或許是最重要卻又最容易被人們忽視的品質之一了。由於不敢嘗試，我們失去了無數機遇，由於不敢大膽嘗試，我們總是在機遇到來的那一刻選擇了放棄和退縮。

在機遇到來的時候，那些不能把握機遇的人總是選擇放棄，他們會告訴自己，「反正你也不行，還是別試了吧！」相比之下，那些敢於把握機遇的人總是會對自己說，「試試吧，不試你怎麼知道你不行呢！」

一九〇七年的某一天，美國密蘇里州馬爾塞勒地區的一個小鎮上，來了一個吹吹打打的雜技團。對於小鎮上的鎮民們來說，這可是個新鮮玩意兒。由於當時還沒有電視，有些老人活了一輩子，這是第一次看到眞正的雜技團表演。

爲了吸引更多觀看人潮，雜技團的團長決定在小鎮唯一的大街上舉行遊行。遊行的當天，小鎮的人們就像是過節一樣，大家紛紛放下手裡的活，穿上漂亮衣服，來到街道兩旁等候，有些老太太還從自己家裡搬來小凳子和小桌子，準備好好看個夠。

正當遊行隊伍走完大約一半路程的時候，隊裡的小號手突然暈倒，這下可急壞了樂隊的指揮，他趕緊讓人把小號手送到醫院，並大聲詢問兩旁的觀衆當中是否有人會吹小號。

「我會！」人群中傳來了一個略嫌稚嫩的聲音。

只見一個五六歲大的孩子從人群裡走了出來，用力爬上花車，然後仰著頭對樂隊指揮說道：「讓我來吹吧！」

於是指揮迅速調整了樂隊，遊行繼續進行起來……可遊行隊伍還沒過兩個街區，樂隊裡傳來的噪音就嚇暈了兩個老太太，只因爲小號聲實在太難聽了。

「怎麼回事？」樂隊指揮臉氣得通紅，他指著剛才的那個小孩子罵道，「你明明不會吹小號，剛才爲什麼說你會呢？」

「可是，先生，如果不試一下的話，」孩子一臉無辜地說道，「我怎麼知道自己不會吹呢？」

這個孩子就是後來的華德·迪士尼，米老鼠王國的創始人。

8. 堅持是幸運的捕手

在英文當中有一個並不是很常用到的單詞，perseverance，這個單詞的本來意思是「毅力，堅持」，有趣的是，這個單詞同時還有另外一個意思，「持續蒙恩」，其意思是說，那些能夠在一件事情上堅持到底的人實際上是受到了上帝的恩惠，換句話說，西方世界中的很多人會把「能夠堅持做一件事情」視爲一種恩惠。

是否具有「不達目的，誓不甘休」的決心，是成功與失敗者的分水嶺。

《自助者》一書作者薩謬爾．詹森得出了這樣一個觀察：面對一件比較困難的事情，人們通常會有兩種選擇，一種是選擇放棄當前的工作，轉而從事其他工作，另一種則是正視眼前的困難，並設法盡全力解決自己所面臨的問題。結果表明，在大多數情況下，做出前一種選擇的人，終其一生都不會有太大的成就；而選擇後者的人，幾乎在自己所從事的任何工作上都有所成。

有一次，還在上小學的蓋茲參加學校組織的暑假童子軍八十公里徒步行軍。這次行軍爲時一個星期，當時蓋茲穿了一雙新買的鞋子。由於鞋子不大合腳，加上每天要負重前行十三公里，而且在行進的過程當中還要爬山和穿越森林，所以在剛開始的一段時間裡，小蓋茲可以說是吃盡了苦頭。

第一天結束了，晚上到了露營地的時候，他發現自己的腳後跟磨破了皮，露出血絲，可他並沒有告訴任何人，第二天還是繼續參加行軍。

到了第二天晚上，由於開裂的皮膚實在流血過多，所以他的傷口終於被同伴們發現了，大家勸他休息，他還是搖了搖頭，只是向隨隊醫生要了點藥棉包紮了一下，然後又繼續上路了。

就這樣，他一直堅持到實在無法前行，才向老師請求休息。等到蓋茲的母親聞訊趕來的時候，小蓋茲的雙腳早已潰爛了。母親責備他爲什麼如此不懂得照顧自己，小蓋茲卻對母親說：「我只是不想在自己沒有竭盡全力的情況下放棄而已！」

第二章　目標的意義

沒有目標的生活是毫無意義而且毫無效率的，偉大的人物往往是那些對未來充滿理想和憧憬的人，無論遭遇怎樣的困難險阻，他們總是一直高昂著頭，逼視著遠方的目標。

9. 夢想是一件無比美妙的事情

擁有夢想的人是幸福的，一方面是因爲他們在實現夢想的那一刻能夠體會到無上的滿足，另一方面是因爲在人生奮鬥的過程當中，那些有夢想陪伴的人總是充滿動力，而且永遠不會感到孤獨和迷茫。

西雅圖和三藩市、洛杉磯一起被稱爲「美國西海岸三大門戶」，波音公司的總部就設在西雅圖，它是這座城市最大的公司，吸收了整個西雅圖近半數就職人口，所以很多人會把西雅圖人分爲兩種：一種是在波音公司工作的，一種是不在波音公司工作的。

比爾·蓋茲的童年就是在這樣一座城市度過的。童年時代的蓋茲，最大樂趣就是閱讀那套厚厚的《世界圖書百科》，他要盡可能的飽覽所有資訊，這種欲望似乎一直支配著他後來的商場征戰生涯。

據說，在閱讀這套百科全書的時候，比爾常常一字一句地從頭看到尾，不僅如此，他還會進行反覆閱讀，而且每次看完之後，他都會望著窗外沉思，一方面在自己的腦海當中回憶自己剛剛看完的內容，另一方面開始構想著如何處理這些資訊。「文字是一種多麼奇妙的東西啊，這一個一個的符號居然能把全人類已經創造的文明和歷史上發生的無數有趣事情記錄下來，如果照這個速度繼續發展下去的話，那今後人類的百科全書不知該有多大一部？」

從萌生這個問題的那一天起，蓋茲就幻想著能夠用一個火柴盒大的「魔盒」把所有資訊收集起來，這個夢想一直持續到他的大學時代，當他看到《大眾電子報》上刊登的關於新一代處理器問世的消息之後，他終於揚帆啓程，開始了實現自己童年夢想的歷程。

10. 目標可以造就物美價廉的結果

一位管理學教授曾經用一句話來概括管理者和被管理者之間的區別：管理者考慮的問題是「做什麼」，而被管理者考慮的問題則是「如何去做」。換句話說，管理者的任務通常是確定目標，而被管理者的目標則是實現目標。

對於所有希望成爲管理者的人來說，如何確定目標是一門極其重要的學問。如果目標選擇錯誤的話，再偉大的執行者也無法幫助自己的組織得到令人滿意的結果。而從被管理者的角度來說，目標則可以幫助整個組織最大限度地實現資源集聚與整合。在有些情況下，目標甚至可以被總結成爲一句口號，進而集中調動整個組織的資源，實現資源效用的最大化。

SONY公司的創始人井深大是一位善於透過確立目標進行激勵的企業家。他出生於一九〇八年，早年畢業於世界聞名的早稻田大學，一九四六年創辦SONY公司的前身東京通信工業公司，一九五〇年該公司改名爲SONY公司，也就是現代SONY公司的開端。

據說在井深大決定給公司改名字的時候，曾經遭到強烈的抵制和訕笑。在有些人看來，對於一家像東京通信工業公司這樣的小公司來說，完全沒有必要更改名字，因為一家規模如此小而且業務主要集中在東京地區的公司，改名字並沒有任何意義。

可井深大卻並不這麼認為，他堅信東京通信工業公司必將成為一家國際化的公司，根據當時日本經濟形勢來看，二次大戰結束之後，經過了五年多的調整，日本經濟已經由恢復期過渡到了發展期，必將有一批日本企業走出國門，衝到世界大舞臺上。

「我們必須做好準備，」在一次高級經理會議上，井深大這樣告訴自己的手下，「經過三年的累積，我們已經達到了走出國門的實力，這次的更名只是一個開始，我只是想透過這件事情來表明東京通信工業公司要成為一家國際化公司的決心，這是我們的下一個目標，我堅信，目標可以造就價廉而物美的結果，所以我希望大家能夠支持我的這一決定！」

果然，更改名稱給SONY公司帶來了意想不到的大好結果，每次向客戶介紹自己公司的時候，公司的員工們都在不知不覺中受到激勵，並因此發奮圖強，最終把SONY公司發展成為世界上最著名的跨國公司之一。

11. 目標有多遠，人就能走多遠

正如在小池塘裡航行的船隻，永遠無法體會在海浪中搏擊的壯闊一樣，那些一味被自己的狹隘所束縛的人，也永遠感受不到奔向遠方時的那種心潮澎湃。

在一生當中，我們每個人的生活其實都充滿著無數種可能，對於那些只知道堅守眼前的東西，整天戰戰兢兢，惟恐失去自己僅有一方田地的人來說，他們永遠也不可能爲自己的人生開拓出更爲廣闊的新境界。

相比之下，那些心境高遠，始終在內心描繪出遠方風景的人，只要時機成熟，就能夠果斷地開闢人生的新篇章。心理學家們發現，期望能夠造就一個人，對於任何想要在事業上有所成就的人來說，一個必要的前提就是給自己樹立足夠高的期許。

這個世界上幾乎沒有人不知道IBM公司的鼎鼎大名，可另一方面，卻很少有人聽說過CTR公司。這家公司可以說是IBM公司的前身，從這家公司開始，IBM的創始人老湯瑪斯・沃森眞正擁有了自己的公司，並帶領著它一步步發展壯大，成就了今天的IBM。

說起IBM公司名字的由來，還有一段有趣的故事呢。

根據小湯瑪斯．沃森的回憶，有一天晚上，父親從CTR下班回來，興高采烈地告訴妻子，說他已經說服CTR的董事會同意給自己分紅——雖然當時這家公司已經瀕臨倒閉，可老沃森還是對它未來的前景充滿了信心，並在內心為公司的發展做出了詳細的規劃。

晚飯之後，老沃森開始在家裡來回踱步，當家裡人問他在幹什麼的時候，他的回答是：「我準備給CTR公司換個名字，現在的名字不夠宏偉，我要想出一個新的。」老沃森隱隱意識到，身為一家生產辦公設備的公司，CTR不應當把自己的目光僅僅局限在美國境內，她必須成為一家能夠打進國際市場的公司，而公司的名稱必須體現出這一點。

幾天過去了，經過反覆推敲和修改，老沃森終於為公司確定了新的名字：國際商用機器公司（International Business Machine，簡稱IBM）。

有人因為CTR這家小公司居然換上這樣一個氣勢磅薄的名字而面露嘲諷，老沃森卻對未來表現出巨大的熱情，他始終堅信IBM公司遲早會成為一家真正的國際公司，而IBM這個名字只是以一種最基本的方式迎接這一天的到來罷了。

12. 攀登目標的旅程需要以踏實為階梯

衆所周知，哈佛大學商學院是世界首屈一指的商學院，在該學院的成立大會上，第一任院長向自己的學員們發出期望：培養商業精神，堅守理想主義。

很多人都把理想看成是幼稚的代名詞，他們常常把理想比做一種只有投入沒有產出的精神投資，以至於在華爾街的分析員們一度把那些大談理想的企業家定位成「危險級別」，在他們看來，如果投資者針對這些企業進行投資的話，那幾乎是在做一場賠率極高的商業冒險。

可眞正的商業大亨們都深諳理想在企業精神中的作用，他們相信，眞正的利潤只能是商業理想的副產品，而眞正成功的企業家也必須學會始終堅持理想——當然，他同時必須抱有務實的理想主義。

巴菲特用了將近四十年的時間爲哈撒韋公司打造了一道理想的光環，在他看來，哈撒韋公司應該成爲一個「透過分配資本，讓那些有錢的人仍然積極工作的公司」。

無數的成功事例向我們表明，理想本身並不存在任何問題，眞正導致失敗的是那些只顧理想，而不問現實的盲目理想主義。美國第一大製藥公司，一度將大名鼎鼎的輝瑞公司掃落馬下的默克公司也是一家兼顧理想與現實的成功企業。該公司創立一百周年的時候，爲了紀念過去一個世紀，公司曾經出版了一本名爲《價值與夢想：默克的一百年》這本書。在這本書當中，公司的管理者堅持把在過去一百年裡所取得的成功歸功於一個原則：始終堅持理想。

早在一九三五年的時候，公司總裁喬治·默克就向員工闡述了公司所堅持的理想：促進醫學進步，協助人類，戰勝疾病。

在隨後的數十年當中，無論商業環境怎樣變遷，默克公司始終堅持這一理想，而美德善藥品的研發尤其可彰顯這一價值。

從功能上來說，美德善的主要用途是用來對付一種名爲「盤尾絲蟲病盲症」的疾病，這是一種在第三世界國家比較流行的疾病，有上百萬人遭受該疾病的折磨，一旦患了這種疾病，大量寄生蟲就會在人體四處遊動，最後轉移到眼部，導致患者失明。

在開發美德善藥品之前，默克就知道這種藥品並不能夠給公司帶來多大利潤，因爲患有這種疾病的人很可能根本買不起這種藥。但無論如何，默克還是堅持進行該項目的研發。面對董事會的質疑，公司總裁喬治．默克二世給出了這樣的回答：

「無論在任何時候，我們都必須牢牢記住這樣一個原則，即，藥品的主要功能在於治病救人，只要能夠做到這一點，利潤自然就會源源不斷，而且會越來越多！」

13. 目標與決心是實現成就的兩大支柱

《魔戒》是一部將「決心」二字的力量發揮到極致的電影。在這部電影當中，觀眾聽到最多的一個口號就是「我們下定決心……」，無論是在敵人大軍壓境，還是在小哈比人臨危授命的時候，他們都會用這句口號來表明立場，同時也用這句話來激勵自己取得成功。

決心可以讓一個人的精力更加集中，無論做任何事情，一旦我們下定決心，就會變得心無旁鶩，把自己的全部精力投入到自己眼前的目標，自然大大增加成功的可能。

不僅如此，決心本身意味著一種義無反顧的精神。項羽領導楚軍背水一戰的故事已經流傳了幾千年，他之所以能夠在危險處境下打敗敵軍，就在於他透過破釜沉舟的方式，向自己，也向全體將士，表明了「此戰必勝」的決心。

決心本身也有著強大的激勵作用。當一個人或者是一個團隊對某事情下定決心，他就會對目標形成更加清晰的認識，而他在工作當中所表現出來的堅定性也就會更容易對自己周圍的人形成一種強大的激勵作用。

衆所周知，IBM這家由製表機公司發展而成的電腦製造商一度是整個電腦行業的代名詞，其產品不僅覆蓋整個電腦行業的各個層面，甚至成爲電腦技術不斷向前推進的無冕領袖。

然而另一方面，到了上個世紀六〇年代，由於電腦技術逐漸普及，新的電腦公司也越來越多，IBM公司開始感到前所未有的壓力，變革已經成爲公司的不二選擇。怎麼變？這是IBM當時的掌舵者小湯瑪斯．沃森每天都在考慮的問題。

小湯瑪斯決定啓動著名的三六〇計畫——根據當時《財富》雜誌的報導，該項計畫所需總投資逾五十億美元，無論是從投資金額還是從投入人力的角度來說，這項計畫都超過了製造原子彈的曼哈頓計畫。毫無疑問，這是一場豪賭，一旦失敗，迎接IBM的將不僅僅是五十億美元的損失，它很可能將整個IBM帝國帶進地獄。

「三六〇計畫一定要成功！」在整個計劃進行的五年時間裡，小湯瑪斯．沃森每天都在這樣告訴自己，並以此激勵周圍的人，他甚至把這句話做成標語，並把它掛在公司最醒目的位置上，提醒大家整個公司的命運懸於此一線，只許成功，不許失敗。

在這段期間，小湯瑪斯在自己的日記當中這樣寫道：

「這是我所做過的最大、最冒險的決策。我們必須成功。我爲這件事情苦惱了很長時間，但在內心深處，我始終相信，IBM一定能夠成功。」

終於，在小湯瑪斯的熱情支持和鼓勵下，三六〇計畫取得了成功，IBM公司再次將已經瀕臨四散的整個電腦市場再次納入囊中，在整個電腦行業所向披靡，成爲一統江山的霸主，當市場上出現眞正有可能對IBM構成挑戰的對手時，那已經是三十年以後的事情了。

14. 耐心是成功者的必修課

日本人的善於忍耐全世界聞名。二戰之後，日本能夠在短短的時間之內恢復元氣，並迅速取得舉世矚目的發展，跟日本人富有耐心的國民性不無關係。孩子很小的時候，日本人就會透過各種方式來訓練他們的耐心和忍受度，像是不允許自己的孩子洗熱水澡，即便在冬天也不例外。

年輕人總是對自己的未來充滿夢想，希望自己能夠直接從校園走進理想世界，夢想著迅速取得成就，過理想的生活。抱有這種心態的年輕人往往忽略了一個重要的道理：所有的努力都需要經過一段時間的培育之後，才能結出果實。

對於懷揣著玫瑰色夢想的年輕人來說，培養耐心無疑是一堂無法取代的必修課。

松下幸之助出身寒門，很小的時候，他就爲生計而不得不四處尋找工作。

有一次，年輕的松下在朋友的推薦下到一家電器工廠去找工作，由於家裡比較窮，所以他一直都穿著一身破破爛爛的衣服。這家工廠的管理者看到面前的小夥子身材瘦小，衣衫襤褸，於是打心眼裡就不大喜歡他，礙於情面，他也不好直接拒絕，於是就對松下說：「既然是介紹來的，我們當然會認眞考慮，只是我們現在業務不多，所以不缺人手，你不如一個月以後再來看看吧。」說完，就把松下打發走了。

這位管理者沒有想到，一個月以後，松下眞的又回來了，於是他只好又找了一個藉口說：「我本來也想讓你到這裡來工作，可是我們廠規定，工人必須服裝整齊，所以很抱歉！」

松下二話不說，馬上跑到附近的服裝店，用自己的積蓄買了一身整齊的衣服。當他再次回到工廠門口的時候，這位管理者看年輕人實在無法輕易對付，只好祭出殺手鐧：「好吧，我可以讓你來上班，但我們現在只需要一個懂電器的，你能做嗎？」

管理者心想：「這下他應該知難而退了吧！」

可是松下再次讓他跌破眼鏡。兩個月以後，松下第四次來到他面前，向他說道：「在過去的兩個月裡，我認眞學習了電器的各方面知識，您看我現在能來上班了嗎？」

最後，這位管理者終於被少年松下的耐心和毅力所打動，給了他這份工作。而松下也因此進入電器行業，爲以後創辦自己的第一家電燈廠奠定了基礎。

15. 關於人生的終極目標

生命的意義到底是什麼？生活的目的到底在哪裡？怎樣的一生才是有意義的？對於每個人來說，這些問題都是無法迴避的。

不同的人對於這些問題給出不同的答案，並因此而擁有了不同的生活，相比之下，那些能夠儘早找到答案，並在自己今後的生命歷程中堅守這些答案的人，日子過得更爲篤定而踏實。

或許是因爲書看得多，還很小的時候，比爾·蓋茲就表現出思想上的早熟，經常會冒出一些驚人之語。根據他童年夥伴們的說法，蓋茲有很多想法都超越了實際年齡。

根據他的一位同學卡爾·埃德的回憶，還在上小學四年級的時候，有一天，比爾突然對自己說道：「與其做一棵小草，不如成爲一棵橡樹，小草的生活是平庸的，它跟其他小草過著相同的生活，毫無個性可言，而橡樹的生活則是轟轟烈烈的，高大挺拔，昂首蒼穹。」

對於人生的意義，年輕的比爾也有過同樣深刻的思考，他曾經在自己的一篇日記當中這樣寫道：「人的生命由無數個機緣巧合構成，能夠來到這個世界上，實在是一件幸運的事情，那麼，怎樣的一生才是有意義的呢？在我看來，人生就像一場大火，有人虛度一生，雖然生命耗盡，卻終毫無收穫，有的人則像是在生命中拼搶，希望能夠趁生命燃盡之前儘量從中獲得更多的東西。」

這種理念和對生命的感悟一直支撐著比爾隨後數十年的商業生涯和人生歷程，無論遇到怎樣的困難，他都始終保持旺盛的鬥志，並始終全力以赴地追趕生命，務必「盡力在生命燃盡之前從中獲得更多的東西。」

16. 禪的教義，教你如何處理目標與眼前的關係

或許是因爲大社會已經進入了過度的飛速流變之中，人們開始對周圍的一切產生了懷疑，他們不大相信這個世界上存在著永久不變的眞理，很多人因此陷入悲觀的情緒，對自己的工作失去信心，甚至對自己的未來絕望。

從禪學的角度來看，一切的變化都是自然的，但這並不是說一件事情因爲遲早要發生變化就失去了存在的必要，而且禪師們也總是會在「變化」與「淘汰」之間作出嚴格的區分。在他們看來，一個過程的消失只是因爲這個過程的使命已經完成，即便下一個過程的運轉已經開始，也並不表示應當否定上一階段的功能。禪學的這一原理被應用到很多企業經營者的管理理念當中，並幫助他們更加清晰地認識自己的工作。

松下幸之助不僅是一位頗有成就的企業家，他還對禪學頗有研究，也經常用到一些禪學中的道理來管理自己的企業。

有一次，松下向頗具名望的大龜禪師請教禪學道理，他問：「請問禪宗的未來發展方向是什麼？」

對方回答道：「毫無疑問，禪宗終有一天將會自然消亡！」

松下聽後大吃一驚，於是趕緊問道：「師父不是在開玩笑吧？您難道不希望禪學能一直流傳下去嗎？」

只聽大龜禪師緩緩說道：「這可是無法改變的事情啊！這世界上的一切都是有生命的，每件事情都有它自然的出生、成長，以及消亡，即使禪宗也不例外。」

「既然如此，師父爲什麼還要如此辛苦地繼續傳播禪義呢？」

「不是這樣的。」大龜禪師接著說道，「世間萬物的存在與發展都有一定的原因，禪宗現在之所以存在，是因爲它有一定的基礎，等到它應該消亡的時候，我們自然就不會再這樣辛苦地傳播它了。」

聽了這番話之後，松下覺得禪師說得很有道理，回到公司以後，他告訴自己的員工：「我們做任何一件事情，都應該把主要的精力集中到自己眼前的事情上面，想想看，如果我們一邊做著眼前的事，一邊卻在想著下一步該怎麼走，又怎麼能做好現在的工作呢？禪宗的道理是如此，人生的道理也是如此啊！」

第三章　堅持：一念天堂，一念地獄

正像幾千年前的古希臘哲人亞里斯多德所說的，因果法則無處不在，成功和失敗也是如此。成功者和失敗者的唯一區別在於，面對困難的時候，失敗者選擇放棄，而成功者則選擇了堅持。

17. 成功者和失敗者唯一的區別

新加坡內閣資政李光耀曾經在一次接受採訪時這樣講，「ups and downs, that's life（起起落落，這就是生活）。」人生的狀態就是如此，在很多情況下，成功者和失敗者的唯一區別，就在於他們面對挫折的態度。

成功者和失敗者的唯一區別就在於，成功者能夠迫使自己在遇到挫折的時候堅持下去，而失敗者則會從此一蹶不振，人生最終境遇的差別，就是由這一點點的動搖開始的。

在這個世界上，很少有人能夠做到眞正的一帆風順，即便是那些最爲成功的人，也不可避免地在前進的道路上遭遇各種各樣的坎坷起伏。衆所周知，林肯一生坎坷不斷，可他始終堅持昂首向前，後來終於領導了轟轟烈烈的廢奴運動。即便在商場當中，堅持一步也往往能夠給企業經營者們帶來意想不到的收穫。

雖然佩羅在IBM期間幹得不錯，可他並沒有太多的積蓄——當時，佩羅在銀行裡的存款只夠他支撐幾個月。就連創建EDS公司的錢，都是拿妻子積攢下來的一千美元。所以從正式成立的那一天起，EDS公司就面臨著極大的壓力。

不僅如此，由於已經超出年齡，佩羅本來可以「萬一公司失敗後，回到海軍繼續服役」的計畫也落空了，也就是說，如果公司失敗，佩羅將一無所有。

一場新的戰鬥開始了！

最初的兩個月裡，佩羅遇到了前所未有的挑戰，當時的人們對EDS提供的電腦服務並不瞭解，而且他們也不相信佩羅的這家小公司眞的能夠幫助自己馴服那些龐然大物。所以公司成立整整兩個月，佩羅沒有接到一筆業務，公司瀕臨倒閉的邊緣。

童年以及在海軍部隊的經歷練就了佩羅堅忍不拔的性格。最初遭到的七十多次拒絕並沒有影響到佩羅的信心，他反而以更大的熱情繼續尋找新的客戶，終於，堅持帶來了轉機，公司開始有了第一家客戶……

當第一筆生意結束的時候，佩羅不僅還完了所有的欠款，甚至還在銀行裡有了一筆不菲的積蓄。幾年之後，憶起這段經歷，佩羅感慨道：「如果說成功者與失敗者之間眞的有什麼差別的話，那就是，失敗者在遭遇挫折的時候往往會選擇放棄，而成功者則會選擇堅持！」

18. 凡事都要付出代價

雖說數千年來，人們一直在口頭上把「天將降大任於斯人也，必先苦其心志，勞其筋骨……」的祖先教誨奉爲圭臬，但不可否認，「渴望不勞而獲」已經成爲我們這個社會的普遍病態心理，我們都夢想著天降奇財，能夠儘早過不勞而獲的生活。當然，對於絕大多數人來說，這只不切實際的夢想。

事實證明，這種想法不僅不符合人類社會的客觀現實，甚至與人的本性直接相悖。美國霍普金斯大學心理研究院菲爾德教授研究表明，人們從一件工作當中所獲得的滿意度，與其投入到工作當中的精力直接相關，也就是說，一個人在一件工作上投入越多，他在完成這件工作所得到的成就感也就越強。

眞正的成功者永遠都不會把自己的心力花費到這種毫無意義的夢想上，他們更願意去思考符合實際的問題。著名的投資大師，素有「股神」之稱的華倫·巴菲特經常告誡自己的員工，「我們必須爲自己所得到的每一分錢負責！」

進入投資行業數十年來，巴菲特一直在用行動實踐著自己的這句名言。

有一次，當時還很年輕的巴菲特一個人走在大街上，正要走向自己的辦公室，突然看到一位老太太東張西望地，好像在找什麼人。

「需要我幫忙嗎？」巴菲特走上前去，禮貌地問道。

「謝謝你，小夥子，」老太太說道，「我想在這裡拍張照片，你能幫我一下嗎？我可以付你一美元。」

「當然，」巴菲特一邊答應著，一邊從老太太手裡接過相機和一美元紙幣。

老太太選好了地點，巴菲特熟練地按下快門，只聽「啪嚓」一聲，照片完成了。正當巴菲特準備把相機還給老太太的時候，老太太突然一失手，相機掉在地上，摔壞了。

「哦，真可惜，」老太太叫了一聲，轉而看到巴菲特驚愕的樣子，於是趕緊對他說道，「沒關係的，年輕人，不用你負責。」

「不，」巴菲特說道，「報酬總是跟責任連結在一起，既然我拿了您一美元的報酬，我就應該負責把相機還到您手上，這相機還是由我拿到店裡去修理一下吧。」說完，巴菲特扶著老太太走到華爾街附近的一家相機維修店。

19. 只要你願意，人人都可以向上

對於那些總是在埋怨命運不公的人來說，洛克菲勒的故事或許能夠帶給你這樣的啓發：只要你願意，人人都可以向上。

我們都知道，洛克菲勒一度因爲急功近利地大規模併購而飽受詬病。當時，很多媒體稱他爲「強盜男爵」，他的競爭對手更是把他稱爲「把靈魂賣給惡魔的人」，一位「貪婪到極點的吸血鬼」。

從表面上看來，事實確實如此。洛克菲勒是一個不苟言笑的人。對他來說，平生最大的快樂就是工作。除了自己要玩命地工作之外，他要求下屬拼命工作，而且非常鄙視那些喜歡休閒的人。有一次，他的一位合作夥伴買了一艘遊艇，興沖沖地跑過來邀請洛克菲勒跟自己一起出海遊玩，卻遭到了洛克菲勒的嚴詞拒絕：「先生，我想我不得不告訴您我對這件事情的眞實想法，因爲我很鄙視像您這種只知道貪圖享受的人！」

這樣一位從來不知幽默感爲何物，毫無生趣，而且極端嚴酷的人，是如何吸引到大批人爲自己工作的呢？

「洛克菲勒的公司讓我們感到一種在其他地方從來沒有體會到的公平，」他的一位員工這樣說道，「他用自己的行動向我們傳達了一個信條——只要你願意，人人都可以向上」。

所有洛克菲勒公司的員工都感覺到，洛克菲勒確實非常敬佩那些肯爲自己的未來而打拼的人，事實上，正如我們早已熟知的那樣，洛克菲勒本人的一生也正是一個透過勤奮努力而不斷上進的過程。在美國聯邦法庭爲分拆標準石油公司而進行的聽證會上，洛克菲勒曾對著整個美國國會慷慨陳詞：「就各位先生的觀點來看，那些被標準石油公司吞併的公司到底爲什麼會落到如此地步呢？在我看來，那只是因爲他們不願意上進，僅此而已。」

20. 凡事都要捨得投入時間

英國作家班納特曾經在《如何度過每天二十四小時》當中這樣寫道：「這個世界上最可寶貴而又最爲公平的就是時間，它從不會因爲一個人的財富、身份、地位等差別而有所偏愛，更不會給哪個人少一些，給另外一些人多一些……」

做任何事情都需要投入大量時間，對於那些平時工作效率就不是很高的人來說，投入時間就顯得尤爲重要。好的方法固然可以幫助人們達到事半功倍的效果，但另一方面，即便是再好的方法，它提供給人們的，也只是一個好的工具，就好像古時收割莊稼的農民一樣，再快的鐮刀也需要人來揮舞，否則一樣收割不到更多的糧食。

另一方面，鼓吹提高效率不等於不必投入時間，即便是那些極其聰明，工作效率極高的人，在做任何事情的時候也是需要投入大量時間的。

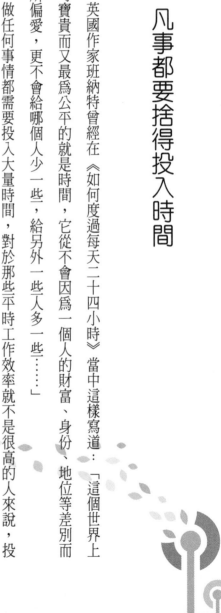

蓋茲就是個典型的工作狂，還在湖濱中學就讀期間，他的這一特質就已經表現得淋漓盡致，到了創辦微軟公司的早期，他更是把自己的工作狂本色發揮得淋漓盡致。

微軟公司的總部最初被設立在加利福尼亞州的阿爾伯克爾基，在剛開始創建公司的那段時間裡，除了談生意、出差之外，蓋茲每天都會在公司通宵達旦地工作，經常熬到深夜。有一次，當他的秘書一大早趕到辦公室爲老闆整理辦公桌的時候，發現老闆竟躺在桌子底下睡大覺。這樣的故事還有很多，有一次，爲了讓自己的注意力從工作上暫時轉移一下，好讓疲憊的神經稍微休息一會兒，蓋茲和他的創業好友艾倫·保羅一起來到了阿爾伯克爾基的電影院看電影，可由於腦子裡實在無法放下工作，他們居然在看電影的中途討論起問題來，直到周圍的觀眾實在無法忍受，紛紛表示抗議，他們才意識到自己原來是在看電影，於是只好匆忙離開電影院，回到辦公室繼續工作起來。

事實上，在微軟公司創辦初期，就連蓋茲本人也經常爲無法放鬆精神而煩惱，「經營微軟是一件極爲頭疼的事情，」蓋茲後來說道，「我知道，做任何事情都要投入時間，所以在剛開始的那段時間裡，我每天都做好了二十四小時工作的準備。」

21. 抽腿？想都不要想

機會能成就一家公司，也能毀壞一家公司；正如它能成就一個人，也能毀壞一個人。

一個很普遍的心態就是：當一個人面臨很多機遇或者是很多選擇的時候，他總是會左瞻右顧，很難把心思集中到一件事情上面；而那些眞正陷入絕境，或者是自己決定背水一戰的人，往往蘊涵著巨大的爆發力。

想必大家都記得哈佛大學醫學院教授做過的那個著名的青蛙實驗。被放到溫水裡的青蛙很容易被煮熟，而放到開水裡的青蛙反而能果斷地一躍而起。原因非常簡單，溫水裡的青蛙還可以在跳與不跳之間進行選擇，而開水裡的青蛙卻只能選擇跳出水面。

隨著各種資訊流通的日益便捷，當今的年輕人往往面臨著很多選擇，於是很多人就選擇拼命跳槽，稍微遭受一點挫折就「抽腿」，而另外一些年輕人則選擇堅持下來，直接迎向眼前的挑戰，事實證明，後者更容易成功。

企業也是如此。總部位於美國西雅圖的波音公司，如今在世界民用航空製造業的地位已經絲毫不容置疑。將近半個世紀以來，該公司所生產的波音系列成功地佔領了民用航空領域的半壁江山，在世界各地的機場當中，人們都可以看到波音公司的標誌，二〇〇四年七月，該公司順利成爲新加坡大批客機的製造商，公司股價一路上揚。

可是這樣一家大公司，在上個世紀六〇年代的時候，曾經一度陷入低靡，甚至瀕臨倒閉。

由於波音公司一直以來的主要業務領域都集中在軍用航空，所以自從二次大戰結束以後，來自軍方的客戶訂單便開始呈現明顯的下降趨勢，到了六〇年代，公司幾乎到了難以爲繼的地步。在這種情況下，公司董事會決定裁員，將公司規模削減一半。波音公司員工大批離職，一時人心惶惶，甚至有人在大街上打出了「誰最後一個離開西雅圖，請關燈！」的口號。

正是在這樣的形勢背景下，艾倫做出了轉向民用生產的決定。很快，在極短的時間裡，整個公司被動員了起來，以往的軍用設備被改裝或甚至被更換，公司投入七〇%的總資產來轉型，除了更換設備之外，公司還投入大量的人力物力進行新員工的培訓，並聘請新的技術人員。

讓人萬萬沒有想到的是，當整個公司鬥志昂揚的時候，一個出人意料的打擊出現了：由於公司長期以來一直經營軍事領域，所有的民用航空公司對波音都抱持排斥的態度，他們不敢交給波音公司訂單，甚至不願意面見波音公司的銷售代表。

無奈之下，波音的管理階層開始動搖，有人甚至提出要放棄生產民用飛機，從民用航空領域抽腿，面對這種情況，公司董事長艾倫挺身而出，向整個公司管理階層發出警告：「這是我們唯一的選擇，我們必須堅持下去……抽腿，想都不要想！」

正是在艾倫背水一戰的決心指引下，公司最終順利實現了轉型，並很快打敗了競爭對手，成為民用航空製造行業的一股強大新勢力。

22. 大器晚成終有成

目標明確並且能夠堅持到底的人，通常都會取得超出常人的成就——只不過是時間早晚的問題。

有些人，由於在適當的時候把握住了適當的機遇，並做出了適當的發揮，很快取得了一定的成就；相比之下，有的人或許就必須要一定的時間來累積，並等待一個適當的機會，所以他們取得成就的時間往往會長一些。

這個事實帶給人們兩點啓示：

第一，不要輕視那些還沒有成功的人，只要他們不斷地完善自己，並且能夠做到耐心等待時機，成功只是早晚的問題。

第二，不要輕易對自己失去信心，無論遭遇怎樣的困境，你所需要做的，都只是從自己的失敗中學習教訓，因爲只要不放棄，你隨時都有機會重新開始。

IBM老沃森的故事就很能說明這個道理。

雖然一手創建了大名鼎鼎的IBM公司，並且在有生之年被《財富》雜誌評選爲「這個時代最偉大的資本家」，可實際上，在生命最初的四十二年當中，老沃森幾乎沒有任何得到認可的成就。

湯瑪斯·約翰·沃森生於一八七四年二月十七日的美國紐約，他是愛爾蘭和蘇格蘭移民的後代。出身寒門的他幾乎從來沒有接受過任何正規的教育，對技術和管理更是一竅不通。

可這並沒有阻止他成爲後來的風雲人物。從十七歲起，老沃森就開始走街串巷地推銷產品，後來他加入美國收銀機公司，這成爲他一生中的一個重大轉捩點。就是在這段時間裡，老沃森從該公司經理、被稱爲「現代銷售之父」的約翰·派特森身上學到了不少與衆不同的銷售思想和技巧，並把這些技巧隨即應用到自己的日常工作當中，就這樣，透過一邊做一邊學的方式，老沃森很快成爲該公司的重要人物。

但命運似乎總是在跟老沃森作對，好景不常，由於受到其他人的排擠，四十歲的時候，老沃森被迫離開了收銀機公司。當時他已經身爲人父，攜妻帶子，在失去工作之後，度過了非常艱難的一段時光。

不久之後，他受邀執掌CTR公司門戶，由此啓動了自己人生最重要的一段歷程，邁開了通往IBM帝國的第一步，到這時，他已經四十二歲了。

23. 要真正尊重一個人，你就要平等對待他

一位富翁來到一家餐廳用餐，正要結束的時候，這位富翁突然看到旁邊一位樣子很落魄的年輕人。年輕人看起來非常爲難，拿著菜單看了半天，不知道該點些什麼菜好。富翁馬上意識到，這位年輕人可能是沒有足夠的錢。

想到這裡，富翁立即走到年輕人身邊，遞給他一張十美元的鈔票，可讓這位富翁感到意外的是，小夥子並沒有表現出驚喜的樣子，反而滿臉通紅，顯得更加不知所措起來。看到這一情形，富翁急忙從口袋裡拿出紙和筆，「當然，我還要請您寫張借條！」年輕人臉色這才好轉過來，並從富翁手裡接過十美元。

如果想眞正尊重一個人，你就要平等對待他！一個屈尊俯就的人，無論他爲對方提供了怎樣的幫助，都無法得到對方發自內心的感激。相比之下，一個眞正懂得如何尊重別人的人，即使給予對方最嚴厲的批評，最終都會贏得對方的感激和尊重。

沃爾頓在世的時候，經常一個人開著自己那輛破舊的紅白相間福特載貨車，四處視察自己的商店，做出許多出乎員工意料的舉動。

有一次，沃爾頓開著車來到一家沃爾瑪商店，由於當時商店裡的人並不多，所以沃爾頓開始在各個貨架之間來回穿梭，看看其中有沒有任何浪費空間或者不合理的地方。很快，他發現有一些貨架上的商品包裝帶太長，認爲這是一種浪費，於是立即親自動手，想把這些商品的包裝帶剪短，不但可以節約原料，客人提起來也比較方便。過了一會兒，他開始冒汗，心想，中午時候商店裡客人不多，於是就脫掉自己的外套。

他幹得正投入的時候，突然聽到身後傳來一陣尖叫，回頭一看，只見一位三十多歲的女售貨員正站在那裡不知所措——顯然，當她看到一個六十多歲的老頭子，穿著背心在貨架上拆包裝帶的時候，真的嚇壞了。

很快，山姆被帶到經理室，一看到山姆進來，經理馬上站起身，衝著山姆熱情打招呼，並露出一臉恭謹的樣子。看到這情形，那位女員工立刻變得緊張起來，她看著自己的老闆，憋得滿臉通紅，不知道該怎樣稱呼對方才好。

「叫我山姆就行了，」山姆微笑著說道，「從一個員工的角度來說，妳並沒有做錯！」

第四章 待人：造就人的學問

有的人選擇先給予別人信任，然後透過行動來印證對方是否值得信任；有的人選擇先懷疑別人，然後期待著對方用行動來證明自己是值得信任的。這是兩種截然不同的做法，它們所導致的結果也是截然不同的。

24. 期待導致行動

最偉大的管理必然是貼近人性的管理，但人的本性又是怎樣的呢？在佛洛伊德看來，人最原始的本性不外乎兩點：性衝動和渴望偉大。而根據美國哲學家，實用主義哲學創始人杜威的觀點，對人類行爲影響最深的驅動力，來自於人類對自身「具有重要性」的渴望。

促使一個人完成一件工作的方式有多種多樣，有的人喜歡用強迫的方式去達到自己的目的，有的人則喜歡加以利誘，但無論具體的方式如何，這些方法背後其實都隱藏著一個非常淺顯的道理——滿足需要。

只要能夠滿足對方的需求，對方就會有足夠的動力來滿足你的需要，這一法則放之四海皆準。既然每個人都渴望偉大，既然我們可以透過滿足對方需求的方式來促使對方採取我們想要的行動，那我們爲什麼不設法讓對方感到偉大呢？

經驗證明，讓對方感到偉大的最有效方式就是對其寄予厚望。美國鋼鐵大王戴爾·卡內基對此深有體會，他經常透過各種形式的許諾，在對方心裡形成一定的期待，然後趁機提出自己的條件，也讓別人對他幾乎是「有求必應」。據說有一次，他的姐姐跟他抱怨說，自己的兒子讀了大學以後就不大寫信回家。「唉，我眞不知道該怎麼辦，他從小就嬌慣，誰的話也不肯聽，我已經給他寫了好幾封信了，可他連一封都沒有回……」

聽說這件事情之後，卡內基馬上告訴姐姐，說自己有辦法讓孩子在一周內給她寫一封信，但有一個前提條件，就是要求姐姐必須拿出十美元作爲賭注，也就是說，一旦孩子寫了信，姐姐就必須支付給卡內基十美元。

果然，沒過幾天，孩子的信來了，信的前面是一大堆問候的話，在信的最後，他又說自己並沒有收到十美元。這是怎麼回事呢？「哈哈，我親愛的姐姐，這非常簡單，就在上次跟妳打賭之後，我就給我那外甥寫了封信，除了向他表示問候，我還在信的最後說，我將隨信附帶十美元作爲禮物。所以當他沒有收到十美元的時候，自然就會來信詢問了……」

25. 行動比言語更有說服力

相信都很多人都曾經聽說過這麼一句話：比沈默更有說服力的，是言語；比言語叫得更響亮的，是行動。

一位出版界總裁最近在公司內部的一次高層會議上大談自己的激勵秘訣：先透過承諾的方式，爲自己的員工畫一張大餅，然後用這張大餅激勵員工拼命工作。「至於結果如何，」這位總裁搖晃著腦袋說道，「那就是以後的事情了。」

這實在是一種非常危險的做法。經驗告訴我們，對於那些欺騙過我們一次的人，我們很難再相信他第二次，同樣，對於那些有過一次不兌現承諾的人，我們也很難再輕易信任他們。或許正是因爲如此，成功的管理者總是會小心翼翼地善用自己的承諾。山姆．沃爾頓就是一個極佳的例子。

一九八三年是沃爾瑪公司在媒體上曝光最爲頻繁的一年。這一年，沃爾瑪公司的總銷售額達到了空前的四十六億美元；這一年，山姆的身價一下子漲到了二十億美元，他的公司成爲美國最大的公司之一，而山姆本人也成爲美國最頂級的富豪之一。

同樣也是在這一年，六十三歲的老山姆在華爾街上跳起了草裙舞，當時的媒體報導說：「他像個道地的夏威夷人一樣，在華爾街上揮舞著手臂款款起舞，引得過往的行人全都駐足觀看，可老山姆還是自得其樂，彷彿置身於夏威夷的椰林當中。」

可熟悉內幕的人卻知道老山姆的這種做法其實另有原因。早在二十世紀七〇年代的時候，山姆．沃爾頓就向自己的員工保證，如果公司能在一九八三年的時候，稅前盈餘達到八％（當時的零售業平均稅前盈餘水準爲三％），他就在中午十二點的時候，到華爾街最繁華的地段，穿上露出大腿的草裙，給大夥兒跳上一段。

公司做到了，就在這一年，沃爾瑪百貨的收入高達四十六億美元，稅前盈餘也達到了史無前例的八％水準，老山姆於是就上演了剛才的一幕。

「員工的熱情是無法單單靠金錢買來的，要想使他們全身心投入到自己的工作當中，我們必須讓他們對公司充滿信心，」草裙舞表演結束之後，氣喘吁吁的山姆這樣對蜂擁而上的記者說道，「而要想做到這一點，我必須帶頭學會兌現承諾，以前是，現在是，將來也是！」

26. 鼓勵是最好的促進劑

我們正生活在一個充滿競爭的社會，每個人每天都面臨著巨大的競爭壓力，在這種壓力面前，每個人都需要不斷受肯定，但不幸的是，我們卻受到上司或同事越多的批評，而不是表揚。

美國著名的成功學家諾曼．文森特．皮爾告訴我們，在所有改變人的行爲因素當中，鼓勵是最爲有效的因素之一。也就是說，如果我們眞正想改變一個人的行爲，或者是推動一個人的行爲向我們預期的方向發展的話，最有效的方式就是鼓勵他，而非批評。

哈佛大學進行的一項心理學測驗顯示，人們經常會有意識地重複那些能夠給自己帶來讚揚的行爲，而努力去迴避那些致使自己受到批評的行爲。或許正是因爲如此，那些事業成功的管理者往往都會給自己的下屬更多的鼓勵和讚揚。著名的惠普公司就是這樣一家公司。

在商業歷史上，很少有一家企業能夠像惠普公司那樣始終保持向前發展，在該公司發展的歷史當中，幾乎很少出現滑坡甚至是停滯的情況，公司幾乎一直是在良好的態勢中不斷進步著。

到了一九九二年的時候，惠普公司的市值已經達到一百八十億美元的水準，根據當時仍健在的創始人大衛．帕卡德和比爾．休利特的說法，在這一百八十億美元當中，至少有一半都應該歸功於哈克伯恩所開闢的印表機業務。

然而回想當初，惠普公司並沒有給印表機業務以足夠的重視，該公司研發出來的第一台印表機被普遍認爲是一件徹頭徹尾失敗的作品，它體型龐大，每台造價高達十萬美元，而且爲了保持顏色，使用者還必須在打印紙上塗煤油。可以說，從看到這台印表機的那一刻開始，惠普公司的高層管理人員就對這一產品徹底喪失了興趣和信心。

正因爲如此，當哈克伯恩在一次會議上提出要透過降低價格的方式來推廣印表機的時候，立即遭到了大部分高階人員的反對，一方面是因爲他們對印表機毫無興趣，另一方面是因爲降價策略完全違反了惠普的原則——公司成立近半個世紀以來，惠普從來沒有在客戶面前低頭，更不願意輕易降低自己的價格。

可就在公司兩名中層管理者準備徹底扼殺哈克伯恩的計畫時，兩位創始人卻及時表達了自己的觀點，他們當衆告訴哈克：「是你在主導這件事情，所以只要你確定自己是正確的，就按照自己的方向去走吧！」

正是在大衛和比爾的支持下，哈克透過降價的方式，在短短幾年之內，迅速佔領了印表機市場，並使得惠普印表機成爲風靡一時的時尚品。

27. 犯錯的人更需要建立自信

一句讚揚或者是鼓勵的話可以很廉價，也可以很珍貴，關鍵是要選擇恰當的時機。心理學家研究發現，當一個人犯了錯誤，或者是他意識到自己犯了錯誤的時候，就會在內心產生強烈的負罪感，在這種心理情緒的支配下，即便所犯的錯誤並沒有給自己帶來任何指責，他也會爲自己內心深處的不安情緒所籠罩，感到惶惶不可終日，進而對自己產生懷疑——在很多情況下，正是這種自我懷疑毀掉了一個人。

很多人，尤其是那些性格稍微偏內向的人，恐怕都會有這樣的體會，建立自信很難，它需要很多成功經歷的鋪墊，而毀掉自信卻很容易，只要一次的失誤，就可以使一個人對自己完全失去信心。

見過威爾許的人對他都有這樣一個印象：雖然身材並不高大，才智也不出衆，甚至有些口吃，但威爾許始終是一個充滿自信的人。

威爾許把自信視爲促使一個人走向成功的重要品質，或許是因爲自幼受到母親的薰陶，威爾許一直相信，從善待別人的角度來說，幫助一個人建立自信比什麼都重要，每次談到自己的這一體會時，威爾許總是會講起自己來到通用電氣後不久發生的那次「屋頂事件」。

一九六三年的時候，威爾許已經在通用電氣工作了三個年頭，並開始在公司的一個實驗機構擔任負責人的職位。有一天，當威爾許正安安靜靜地坐在自己的辦公室工作，突然聽到窗外傳來「轟」的一聲巨響。

威爾許往窗外一看，只見辦公樓對面的實驗室發生了爆炸，聲音震耳欲聾，而且爆炸引發的氣流震碎了所有的玻璃，甚至把實驗室的屋頂都掀翻了。毫無疑問，身爲這家實驗室的負責人，威爾許對此要負全部責任。

第二天一大早，威爾許驅車去見距離實驗室大約一百英里的上司，彙報此事的經過和原因。可想而知，威爾許緊張極了，雖然沒有人員傷亡，但這畢竟不是一次小事故。

可一走進上司里德的辦公室，他感受到的卻是完全不同的氣氛，里德並沒有對他大吼大叫，相反，他只是溫和，地詢問了一下有關爆炸的經過細節，並問威爾許從這次爆炸當中學到了什麼東西，以及他是否能夠修理反應器的程式等等，等到所有這一切結束的時候，里德說了一句話，正是這句話讓威爾許終生感激不已——他說：「幸好這個問題出現在現在，要是等我們進入大規模生產的時候才發現問題，一切都將爲時已晚！謝天謝地！」

28. 幫助別人獲得自信的重要性

一位傳播學者做過一項關於「溝透過程中的非語言因素」的實驗，其目的在於考量人際溝透過程當中自信的重要性。

實驗人員讓A、B兩個人分別看同一則新聞，然後告訴A說這則新聞其實是瞎編的，然後他讓這兩個人分別去向人們講述這條新聞。結果是：沒有人相信A，而所有聽到這條新聞的人都相信B。爲什麼會這樣呢？答案是因爲A沒有自信，而B則充滿自信。

詹姆斯．埃倫曾經說過，一個人要想贏得別人的相信，首先他自己應該相信自己。的確，日常生活經驗告訴我們，一個對自己都缺乏信心的人是不容易贏得別人信任的。

EDS公司的很多客戶曾經這樣告訴媒體，「我們之所以會選擇EDS公司，是因爲他們所有的推銷員都那麼充滿自信……」

由此可見自信的重要性。正因爲如此，許多成功的管理者都把培養下屬的自信視爲一項主要工作內容。SONY公司創始人井深大就是如此。

早在一九五〇年，井深大將原來的「東京通信工業公司」更名為「SONY公司」的那一天起，SONY公司就已經踏上了開往海外的征程。當時，一方面是由於受到自身資源的限制（由於日本在第二次世界大戰當中的表現，國際社會對日本實行能源制裁，許多國家都紛紛限制對日本輸出能源），另一方面是日貨在歐美國家已經成為「低質品」的代名詞，所以SONY公司在海外開拓市場可以說是舉步維艱。

就在這種情況下，日本派到美國的很多銷售人員都變得毫無自信，除了語言上的障礙，對自我的認識也是一個大問題。在見到客戶之前，這些銷售人員都已經把自己定位成「低質品」的推銷員，所以很難爭取到足夠的客戶。

看到這種情況，井深大決定採取行動，好讓自己的銷售人員建立起自信心。為了達到這個目的，他開始委託資產收購公司來幫助自己物色資產——他準備在紐約最繁華的地段收購一家固定資產，從而達到改變SONY公司形象的目的。

很快，目標鎖定了——那就是赫赫有名的帝國大廈。雖然當時收購帝國大廈的希望並不大，而SONY公司也不一定要花費如此代價來為自己打造名聲，但毫無疑問，在接下來的幾個月當中，媒體的沸沸揚揚讓SONY公司出盡風頭。SONY公司的銷售人員也很快成為各大公司的座上賓，公司產品很快打開了銷路。

29. 永遠不要詆毀你的老闆

人們常常為了尋找更好的發展機遇或者是改變工作環境，選擇改換工作；而一些改換工作的人，往往會在離開公司之後詆毀自己以前的上司。

事實上，這種做法並不利於此人的個人發展。一方面，他的這種行為說明他並沒有認眞反思自己更換工作的原因，而且他並沒有感覺到自己從上一份工作當中學到了任何東西，否則他是不會詆毀自己上司的；另一方面，他的這種行為會帶給新公司主管一個不好的印象：既然他會在我面前詆毀以前的上司，那以後也會同樣在別人面前詆毀我。在這種情況下，此人又怎能指望取得信任呢？

松下電器公司在創業初期還是一家小公司，所以松下幸之助總是事必躬親，尤其是在選擇員工的時候，他經常會親自面試所有前來應聘的人。

有一次，松下面試了一位名叫井深的應聘者。雖然井深的年齡不大，卻已經在電器行業累積了豐富的經驗，並曾經先後在兩三家電器公司工作過。

「請問，您為什麼會離開您的前任老闆，選擇松下這樣一家小公司呢？」松下問道。

「是這樣的，松下先生，」井深非常乾脆地說道，「我覺得問題並不在我，而在於我的老闆……」

「哦，可以請您解釋得詳細一些嗎？」松下繼續問道。

「我覺得他有些老糊塗了，你知道，他做事太保守了，完全沒有任何魄力，」井深好像有些激動起來，「事實上，他所做出的很多決定都被證明是錯誤的，可我們卻無法向他提出任何建議，他從來也不會認眞考慮我們的建議。」

「爲什麼呢？」

「因爲他是老闆，所有的損失都將由他一個人承擔，決策的正確與否似乎不是我們應該關心的問題。說實話，根據公司內部的傳聞，那傢伙現在已經到了破產的邊緣，所以我們公司很多員工都在另找工作……」

聽到這裡，松下忍不住皺起了眉頭，等到井深離開辦公室之後，他便立即把井深的名字從候選人名單上劃掉。

30. 誠信做人獲益一生

在商業化社會中，誠信已經不再僅僅是一個人的道德問題，它還會影響到一個人的成就——畢竟，在這樣的社會當中，一個人的誠信度已經成爲其個人品牌的重要部分。

DEC公司創始人奧爾森在美國可謂家喻戶曉，早在創立DEC公司之前，他就因曾經倡導電腦微型化而被稱爲「微型機」之父，後又因創立DEC並使其市值一度上揚至數十億美元，而被稱爲「美國最成功的企業家」。但是，每次談到自己的成功，奧爾森都會談到自己的父親，「我的父親用自己的行動影響了我的一生。」奧爾森這樣說道。

奧爾森的父親是一個業餘發明家，擁有幾項專利，後來成爲一名推銷員。有一次，一位顧客打算從奧爾森父親的手上購買一種機器，可在跟這位顧客進行深入交流之後，奧爾森的父親發現這台機器其實並不符合顧客的要求，於是他主動提出讓顧客取消這筆交易——這可是一件前所未聞的事情——奧爾森的父親因此惹得自己的老闆大爲惱火，卻給客戶留下了良好的印象。

這件事情對奧爾森以後的人生歷程產生了積極的影響，並在隨後幾十年的人生道路上為其奠定了一些基本的做人原則。正是在這些原則的指引下，奧爾森成功創立了後來使其揚名立萬的DEC公司，並在不到五年的時間裡，使其發展成為電腦行業的頂級企業之一，也為自己創下了億萬身家。

第五章　幸福人生的三大法寶

熱情，堅持，平常心，永遠是幸福人生的三大法寶。對那些毫無熱情的人來說，生活是毫無意義的；只有熱情，無法堅持的人也不可能成功；而在三者之中，唯有平常心可以讓我們在前行的道路上欣賞美妙的風景。

31. 熱情是世界上最美妙的東西

熱情實在是這個世界上最美妙的東西。曾經有位哲學家這樣告誡自己的學生，能夠給人帶來幸福和成功的，不是金錢，更不是權力，而是對於生活的熱情。對於所有那些想要在事業上有所成就的人來說，熱情也是不可缺少的。

足夠的熱情可以讓所有的困難望而卻步，沒有什麼能夠阻擋一個充滿熱情的員工前進的腳步，只要他下定決心要去做一件事情，並且對自己的工作充滿熱情，他就會成為最熟練的問題解決者，他會絞盡腦汁想辦法去解決自己所面臨的任何困難。

相比之下，那些對工作缺乏熱情的人，即便他所在的公司為他提供了最有人性的激勵策略，也不可能在工作上取得更大的成就，他們一遇到困難就會退縮，並且為自己的退縮找到各種各樣的藉口。

偉大的管理者似乎都更喜歡藉助於激情，而非理性，進行判斷。大衛．帕卡德也是如此。

他當初憑著一股熱情和跟比爾．休利特的友誼而創辦了這家公司，二十餘年以後，即便公司已經發展到三百億美元規模，他仍然堅持用他那帶有一絲完美主義色彩的熱情去主導整個公司的運作。

有一次，在電腦時代的初期，惠普公司的一名工程師設計了一個專案，要求公司把一台正處於製造階段、價值一百萬美元的電腦歸他支配使用。百萬美元可不是個小數目，爲了盡可能地說服公司，工程師準備了一份包括數十頁幻燈片的報告，希望能夠透過這些幻燈片來打動自己的老闆。

可他錯了。不是因爲他沒有準備好，而是說他準備得過於充分了。

剛剛開始演示第一張幻燈片，這位工程師就發現大衛·帕卡德臉上的表情發生了變化，可他還是決定繼續下去，等到放第二張的時候，他開始激動起來，不知不覺提高了自己的聲音，興奮之情表露無遺。

第三張幻燈片剛剛結束，大衛就打斷了他，「可我還沒說完呢……」工程師正要接著往下說，大衛趕忙解釋道：「我是說你可以實行這個專案，我批准了！」

工程師驚訝得好像沒聽清老闆的意思，連忙辯解道：「我準備了三十多頁的幻燈片，到現在爲止，一共只放映了三張，我可以向你證明這個案子的重要性。」

「你不需要證明了，」大衛擺擺手說道，「我喜歡你的熱情，它使我堅信這個案子是正確的，這就足夠了。」

32. 學會讓工作變得有趣

有人做過一項關於時間分配的統計，結果發現，如果把學習、交通、調查等各項跟工作相關的活動都計算在工作的範疇之內，人的一生當中至少有超過六〇%的時間被用在工作上——這還只是個平均數，對於那些工作狂來說，這個數字遠遠超過六〇%。

我們很難想像一個在枯燥無聊中度過這六〇%生命的人會有著怎樣的一生，我敢保證，對於這樣的人來說，無論他這一生取得了怎樣的成就，他都無法成爲別人的榜樣，即便在他死後，他也會被人看成是一場悲劇。

但另一方面，我們每個人都需要工作，而且不幸的是，只有很少部分人有幸選擇到自己喜歡的職業。富蘭克林曾經說過，在這個世界上，最幸福的不是那些找到自己喜歡職業的人，而是那些能夠喜歡上自己所從事職業的人。確實，對於一個眞正看重生活的人來說，重要的不是找到有趣的工作，而是要儘量讓自己的工作變得有趣。

在自己的回憶錄當中，威爾許曾經談到自己童年的一段有趣經歷，「它讓我學到了工作當中最重要的東西——趣味，正是這段經歷讓我學會了在以後的工作當中隨時爲自己尋找樂趣。」

威爾許父親的工作有些類似於列車售票員，童年的時候，威爾許家境並不富裕，每到暑期，小威爾許都會跑出去找一份暑期工作，一方面補貼家用，一方面爲自己累積社會經驗。

大約在小學四年級的時候，威爾許找到了一份暑期工作，內容是操作鑽床。根據小威爾許的回憶，他當時的主要工作就是拿一小塊軟木塞，然後用踏板在小木塞上鑽一個孔，完成之後，再把軟木塞扔到旁邊早已經準備好的一個大圓桶裡。根據當時的工作安排，威爾許每天要做好幾千個這樣的木塞，工作的無聊程度可想而知。

爲了打發無聊的時間，從工作當中尋找一些樂趣，威爾許給自己發明了一個小遊戲，他在心裡爲自己訂下目標，爭取在每次領班把木桶倒空之前儘量把木桶的底部全部覆蓋，這樣會給他一種巨大的成就感，也可以爲他博得領班的表揚。

雖然這仍然沒有完全讓這份工作變得有趣起來，可他至少堅持了三個星期，而且也在這段時間裡學到了不少東西。

「從那以後，」在當上通用電氣CEO之後，威爾許這樣說道，「我就開始意識到趣味在工作當中的重要作用，它使我學會了從執行者的角度看待問題，並讓我們明白了在工作中尋找樂趣有時甚至比尋找一份有趣的工作更重要！」

33. 積極思考的力量

每個人每天都要面對很多事情，觀察人們處理問題的態度，會發現一個有趣的現象：即便對於同一件事情，不同的人完全會採取不同的態度。

總體來說，人們對待事物的態度可以分為兩類，一類是積極的態度，一類是消極的態度，前者能使人在面對問題的時候保持冷靜，在處理問題的過程中保持快樂；而相比之下，後者卻只會使人在問題剛剛出現的時候滿懷恐懼，而在解決問題的過程中一直戰戰兢兢。

心理學家告訴我們，人的思維方式決定了人的行為方式，而人的行為方式決定了人們處理一件事情所得到的最終結果，由此可見，真正能夠影響人們工作結果的，正是他們的思維方式。

在SONY公司剛剛進入國際市場的時候，是遭遇了數不清的困難，可即便是在這種情況下，公司總裁井深大還是每天以其特有的樂觀精神鼓舞著整個團隊的士氣。

據說，為了克服當時彌漫在公司內部的消極情緒，井深大給所有的管理人員下達了一條特殊的命令，要求所有的主管人員在每週一的例會上都必須用五分鐘時間向大家彙報一個好消息，如果有人做不到的話，井深大就會親自向他詢問原由，並努力幫助他從自己過去一周的工作當中找出那些值得慶賀的事情。

記得有一次，一位年輕的經理連續兩個星期無法向大家彙報任何的好消息，於是就在第二個星期一的例會剛剛結束之後，他被叫到總裁井深大的辦公室裡。

「請告訴我到底出了什麼事情？」井深大問道，「難道你所負責的國際部門在過去的兩個星期裡連一個好消息都沒有嗎？」

「是的，井深先生，您知道，我們的產品在海外屢受重創，許多大商場都不願意擺放我們的產品，就連埃及市場，都把我們的產品當成是次等品的代名詞……」這位經理的話還沒說完，井深大馬上打斷了他：「你說什麼？你是說我們的產品已經進入埃及市場了嗎？」

「是的，」經理怯生生地說道，不知道井深大將會做出怎樣的反應。

「這難道不是一個天大的好消息嗎？」井深大高興得手舞足蹈起來，「這可是我們進入非洲市場的第一步啊，你爲什麼不把這個好消息報告給大家呢？」

34. 幫工三天的故事

美國一位心理學家研究發現，透過辛勤勞動所得來的成功要比輕易得來的成功讓人更有滿足感。

松下幸之助相信，透過勤奮勞動得來的金錢和收穫要比平白接受遺產和饋贈得來的財富更加有價值。相比之下，那些透過「終南捷徑」取得的成功，辛勤努力的成果更加值得佩服。

每次說起這個道理的時候，松下總是會想起自己在東京一家旅館遇到的一位女服務員。有一次，因爲拜訪一位客戶的關係，松下來到了東京郊區的一家旅館休息。一天晚上，在外面忙碌了一天的松下回到旅館，經過門口的時候，他聽到一位女服務員在跟一位客人聊天。

「妳以後有什麼打算呢？」聊天當中，那位客人問道。

「我已經到了這種年紀了，」服務員歎道，「不可能一直當服務員啊！」

「那妳有什麼計畫嗎？」客人接著問道。

「不瞞您說，」服務員有些難為情地說道，「我是在準備開一家小店，可您也知道，幹我們這行的，實在不可能有足夠的積蓄，我在這裡辛辛苦苦工作了十五年，到現在為止，一共才只有一百五十萬日元的積蓄……」

「為什麼不找親戚朋友借一些呢？」客人問道。

「我這個人，不大喜歡跟別人張口，總覺得……」

女服務員的話還沒說完，松下就馬上走上前去，對服務員說道：「我可以借給妳。」

回到公司以後，在一次公司全體員工的大會上，松下這樣對自己的員工說道：「人們常說，只要付出了辛苦的努力，即便你只在一家工廠裡幫了三天工，都會有很大的收穫。同樣，只要你真正盡了自己的力量，就應該過自己喜歡的生活……」

35. 凡事總要竭盡全力才好

雖然每個人一生當中都不可避免要從事某項工作，但一個有趣而奇怪的現象就是：很少有人會對自己的工作完全滿意。在眾多的抱怨者，經常會有這麼一種人，他們總是對自己的工作難度不滿意，如果上司分配給自己的工作難度稍微大一些，他們就會抱怨不已，說上司是在強人所難，而如果自己的工作簡單，他們就掉以輕心，結果把那些本來可以完成得很好的工作做得一塌糊塗。

全力以赴是任何行業從業人員的一項基本素養，也是完成任何一項工作時都必須抱持的態度——無論這項工作是簡單還是複雜。

對於簡單的工作來說，全力以赴可以使我們用更短的時間得出更好的結果。確實，在做這些工作的時候，我們或許不用絞盡腦汁冥思苦想，但另一方面，即便在這些看起來簡單的工作上面，「敷衍了事」的工作者和「全力以赴」的工作者之間還是有很明顯的差別。

如果我們的工作有一定難度，那就更需要投入心力了。雖然有些工作可能確實超出我們的承受範圍，但一個明顯的事實就是，全力以赴可以使我們最接近目標，否則的話，我們只能離終點更遠。

雖然幾百年來哈佛在美國教育界的地位一直沒有動搖過，但很多哈佛學生給人們留下了這樣一個印象：他們總是眼高手低，喜歡空談，沒有太多實行能力。

或許有一些哈佛學生確實如此，但比爾·蓋茲絕對例外。一旦認定了一件事情，他就會像一頭饑餓的雄獅一樣猛撲過去，全心全意地花上所有時間，以最出色的品質完成自己的工作。

蓋茲小學四年級的時候，有一次，老師要求學生寫一篇關於人體特殊作用的文章，按照這位老師當時的要求，這篇文章的篇幅應該在四五頁左右，可是蓋茲或許是因爲對這個話題特別感興趣，他在接到作業之後，馬上鑽進了爸爸的書房裡，查閱所有的百科全書和醫學、心理，以及生理方面的圖書，等到所有資料準備齊全之後，他一口氣寫了三十多頁，使得老師和同學們都吃驚不已。

後來每次談到這件事情，這位老師總是會這樣總結小比爾的特點：「他是一個喜歡給人們帶來驚訝的人，無論做什麼事情，他總是喜歡來個一鳴驚人，否則他是不會甘心的！」

而比爾．蓋茲對這件事情的解釋卻是：「凡事總要竭盡全力才好！」

36. 如果沒有尿水發紅，就不要隨便發牢騷

前不久在大學開講座的時候，居然聽到有學生私下議論，好像是把「勤奮」當成了「愚蠢」的代名詞。在很多年輕人看來，似乎只有那些智商不高、不懂得運用大腦的人才會用勤奮的方式來實現自己的目標，按照這種邏輯，似乎是一個人越勤奮，他就給人感覺越笨。

這實在是一種很可悲的心態。因爲無數的事實證明，對於任何人來說，無論他有多麼聰明，要想在任何一個領域取得一定的成功，都需要持之以恆地不斷付出努力和辛苦。

被譽爲「經營之神」的松下幸之助就是一個非常勤奮的人，即便身患重病，他還是不肯休息，甚至居然對著勸自己好好休息的妻子大發雷霆，直到老年的時候，他的這種精神始終未改。

不僅自己勤奮，松下還經常以身作則，用自己的親身經歷來鼓舞身邊的人。

有一次，他前去拜訪公司的一位代理商，在跟代理商聊天的過程中，他發現這位代

理商一直在埋怨最近的利潤不大理想。要知道，在當時的日本，身爲一家廠商，如果代理商銷售自己的產品不能賺錢的話，那是一件非常難堪的事情。於是松下開始就「如何幫助代理商盈利」這一問題跟對方聊了起來。

在閒聊的過程中，松下問對方：「據我所知，令尊經營這家商店已經二十餘年，可是一直在盈利的啊！當然啦，由於當前的經濟形勢，生意不好也是情由可原的，我只是想問您一個私人問題。」還沒等對方開口，松下就接著說道：「請問您的尿變紅了嗎？」

原來，在剛剛創建松下電器的那段時間裡，松下常常因爲各種企業經營問題而著急得睡不著覺，結果積勞成疾，有一天尿尿的時候，他發現自己的尿居然變紅了，可就在這個時候，他突然同時想到了三個解決問題的辦法。從那以後，每當有人抱怨說自己遇到了無法解決的問題，松下就會問對方：「你的尿變紅了嗎？」以此來激勵對方更加努力，透過勤奮地思考來找出解決問題的辦法。

37. 對自己所從事的事業懷抱信仰

「股神」華倫．巴菲特曾經定義那些最爲出色的員工：他們從不需要爲工資而工作，而是對自己所從事的工作抱有宗教般的信仰，堅持相信自己的工作會造福於整個社會，對於這種員工來說，完成一件工作的過程，要比從工作當中得到回報更加重要。

在一個人人把工作當成謀生手段的社會當中，只有那些眞正對工作抱有信仰的人才能夠做到脫穎而出——只有眞正爲信仰而工作的人才會做到全心投入。可想而知，對於一個爲錢工作的人來說，他們只會在上班時間把精力投入到工作當中，而一個對自己的工作抱有堅定信念的人，工作的過程以及自己透過付出努力所達到的結果更加重要。

不僅是個人，對於企業而言，這一道理也同樣適用。世界頭號煙草公司菲力浦．莫里斯公司幾乎給所有的到訪者留下了一個這樣的印象：一群狂熱的香煙宗教信徒。

這確實是一群對香煙有著深厚感情的人，他們對香煙抱有極大的好感，這種好感甚至達到了蠻不講理的地步，公司副董事長羅斯．密爾斯不僅本人對香煙有著狂熱的迷戀，他還透過各種形式把這種狂熱灌輸到整個公司。比如說，他曾經發出過這樣的言論：「香煙使人們的生活變得有意義！」

在菲力浦．莫里斯公司，人們經常可以看到大幅的廣告，畫上是各種紳士和英雄人物，他們手裡夾著香煙，一副狂放不羈的樣子，彷彿在刻意向世人炫耀自己手裡的香煙，耳濡目染之後，公司的許多員工都因此成爲香煙的忠實信徒，員工之間甚至彼此慫恿著把香煙和薪水一起帶回家。

正像一家雜誌描述的那樣，「在菲力浦．莫里斯公司，一種幾近賴皮的香煙文化滲透了員工生活的各個層面，他們並不認爲銷售香煙在道德上有什麼不妥當的地方！」

對香煙的執著爲菲力浦公司結出了累累碩果，時至今日，這家成立於一八四七年的公司不僅仍然屹立不倒，而且其收益率高達股市大盤的十五倍之多，成爲美國歷史上最賺錢的公司之一，它所宣揚的獨特香煙文化也已成功地滲透到美國人生活的各個層面，成爲美利堅文化一個不可或缺的組成部分。

38. 面對現實永遠比不切實際的期望更美妙

「現實是最美妙的圖景！」威爾許曾經這樣告訴那些向自己彙報工作的人，「無論發生了怎樣的事情，給我看現實，再糟糕的現實也比華而不實的報告來得有趣！」

這個世界上有太多人犯有「掩耳盜鈴」的毛病，他們寧願按照自己的想像去看待這個世界，而不願意按照世界的本來面目去瞭解自己眼前的一切，所以他們總是喜歡在自己描述任何一件事情的時候加上「如果」，「要是」等之類的字眼，可問題是，現實並不會按照這些人所設想的方向發展。

只有基於現實所做出的判斷才是最準確、也最可行的，這個世界不會因爲任何人的願望——無論它有多強烈——而發生變化，也沒有人會眞正願意按照別人的意願而活著，所以那些美好的設想，即便聽起來異常誘人，也很可能只是像海市蜃樓一樣，終究難以轉變爲實際的結果。

我們知道，威爾許曾經被《財富》雜誌稱爲「中子威爾許」，威爾許之所以會得到這樣一個稱號，幾乎完全是因爲他上任之後所發起的一系列改革——自從一九八一年四月開始擔任通用電氣的總裁以來，威爾許幾乎是以一種令人眼花繚亂的速度對整個通用電氣進行了大刀闊斧的改革，並號召自己的員工要大膽再大膽，敢於「把那些不能夠在自己的行業當中取得第一或第二名成績的部門或者分公司砍掉」。

一九八二年的時候，「中子威爾許」開始把砍刀揮向了當時公司的核發電部門。該部門曾經一度是公司投資最高的部門之一，並被認爲是在從事著代表通用電氣未來的產業。當時社會對於核發電的需求已經開始呈現下降趨勢，再加上一九七九年賓夕法尼亞州三里島的核反應爐事件，核發電部門的前途一時變得不明朗起來。

正是在這種情況下，威爾許開始了對核發電部門的改革。一九八一年，針對核發電部門在兩年內沒有接到一份新訂單的情況，威爾許要求該部門的負責人「面對現實」，按照該部門在未來一兩年一份訂單也接不到的可能性制定發展規劃，在遭到部門領導人的拒絕之後，威爾許親自撥通了負責人的電話：「請張開眼睛，好好面對眼前的現實，它比這世界上的任何圖景都要美妙！」

終於，在威爾許的一再堅持下，核發電部門的負責人根據新的構想制定了未來發展規劃，並很快轉虧爲盈，於一九八三年的時候實現了超過一億美元的營業額。

39. 找對競爭對手

人天生就是愛競爭的動物。

競爭可以幫助我們提升自己。競爭對手的存在逼迫一個人至少分出一部分精力用來提升自己。這正好比一位偉大的拳手旁邊必定會有一位偉大的陪練一樣，鬥爭和挑戰可以讓一個人更加精神抖擻地面對一切。在很多情況下，我們的競爭對手實際上爲我們提供了一個絕佳的參照，透過這種參照，我們就可以更加精確地衡量出自己的位置，並在此基礎上不斷進步。

但另一方面，人們在選擇競爭對手的時候，往往存在著兩個盲點：有的人喜歡選擇那些自己難以超越的人作爲自己的競爭對手。這樣做的結果，會使他們產生強烈的挫折感，好像無論自己如何努力，都不可能超越對手似的。另一方面，還有一些人喜歡挑戰那些並不能對自己構成挑戰的對手。結果自然可想而知，對手的實力使其成爲拙劣的參照對象，你自然無法從這樣的挑戰當中實現進步。在選擇競爭對手方面，著名的媒體大亨默多克身上曾經發生過一件非常有趣的事情。

雖然基斯．默多克爵士在生命的最後幾年當中，一直在拼命爲自己的兒子魯伯特．默多克留下盡可能多的財富和權力，但事實上，當他在上個世紀五〇年代去世的時候，他只能留給年輕的默多克一個規模不大的報紙《新聞報》。

踉踉蹌蹌地接管父親的小報業王國之後，默多克所收到的第一件禮物就是來自龐大的先驅報業集團的挑戰。面對挑戰的時候，默多克的賭徒本能得到了充分的發揮，他一次又一次地向塊頭數倍於己的競爭對手發起攻擊，將那股頑強執拗的勁頭表現得淋漓盡致。

據說剛剛到《新聞報》那棟白色辦公小樓上班的第一天，默多克就把自己的全體編輯人員召集起來開會，讓所有人全體起立，默哀！

看到這陣勢，編輯人員還以爲默多克是在紀念自己剛剛去世的父親，於是紛紛站起來，向自己的前任老闆表示追悼，可讓他們萬萬沒有想到的是，當全體站立起來之後，默多克居然對大家說，「現在請大家默哀一分鐘，爲該死的《廣告人報》默哀！」

默多克的話音剛落，編輯人員一片譁然——要知道，《廣告人報》正是當時《新聞報》的死對頭——大家頓時感到群情激憤，突然產生了一種休戚與共的感覺。

在接下來的三年當中，在默多克的率領之下，全體編輯人員同舟共濟，奮力廝殺，終於打敗了強大的《廣告人報》，並爲進一步的擴張打下了良好基礎。

40. 自信的價值是難以估量的

最近看到一則頗能振奮人心的廣告，廣告的主題就是：我能！這兩個字傳達的訊息實在重要。在美國哈佛大學心理學教授凱恩·崔西所進行的研究成果當中有這麼一條：在這個世界上，從生理的角度來說，人與人之間在能力上的差距其實並沒有多大，有些人之所以比其他人更加成功，是因爲他們更加充分地發掘了自己的潛力！

要想更大限度地發揮自己的潛力，人們對於自己的估計和評價是非常重要的。一個可怕的事實就是，中國的許多家長和老師正在刻意貶低人們對於自己的評價，客觀一點地說，有些人確實在想盡辦法打壓其他人的自信。

童年時代的威爾許就常常因爲自己的口吃而經常遭到周圍人的嘲笑。每到這個時候，他都會感到極度的自卑。不僅如此，由於母親一直在鼓勵威爾許去參與各種各樣的競爭，年輕的他經常發現，即便自己在一場比賽當中打敗了所有的人，到最後的時候，別人還是會因爲他的口吃而嘲笑他。所以口吃始終都是威爾許的一大心病。

是母親幫助小威爾許改變了這一切。她總是會爲威爾許的口吃找到更加帶有鼓勵性的解釋。有一次，威爾許因爲口吃在學校的聚會上出了醜，當他一臉沮喪地回到家裡，母親很快猜到了事情的原因。她一邊摸著威爾許的腦袋，一邊輕輕對他說道：「孩子，不要難過，你之所以會口吃，是因爲你的腦子轉得實在太快了，所以你的嘴巴跟不上了，就是這樣。」

這番話給了威爾許莫大的鼓勵，從那以後，他再也沒有因爲口吃而自卑過，因爲母親的話已經深深刻進他的內心，所以他始終堅信，自己之所以會口吃，完全是因爲自己的腦子轉得太快的緣故，而根本不是因爲自己有任何的生理缺陷。

即便是在多年以後，當威爾許已經成爲通用電氣這家全球第一公司的總裁，他也始終把自己的口吃當成是聰明的表現。有一次向華爾街的分析師們做完年度報告的時候，他突然聽到幾位年輕分析師在洗手間悄悄議論自己的口吃，於是他馬上走上前去，開玩笑似地告訴這幾位年輕人：「請告訴我，誰的腦袋比嘴巴轉得還快呢？」這番話引得幾位年輕人面面相覷，還沒等這些分析師反應過來，威爾許馬上大笑起來：「當然就是我，威爾許啦！」

41.「你可以做得更好」

大部分公司裡都有著嚴格的規章制度，可出色的領導者卻很少會單單用規章制度來管理一家公司。

心理學家發現，一個人所取得的成就在很大程度上取決於自己周圍的人對自己的期望和暗示。具體來說，如果周圍的人都把你當成笨蛋的話，你很可能也就會因此而變得不思進取，「反正別人也看不起我！」你很可能會抱著這種心態而自暴自棄。

反過來說，如果周圍的人都對你有很高的期待，你也會因此而加強對自己的要求，一方面是因爲你對自己更加有信心，另一方面是因爲你不希望看到周圍人失望的目光。

從這個角度來說，管理者最有效的武器或許並不是批評和各種各樣的規章制度，而是眞誠的讚美和更高的期待。這個世界上根本不存在一無是處的人，所以優秀的管理者總是能夠設法找到員工的優點，對其加以讚美，並透過提出更高的要求來激勵自己的下屬做出更加出色的成績。

哈默是惠普公司的一名普通員工，他在上個世紀五〇年代中期的時候加入惠普公司，負責技術研發。

初到惠普的日子是忙碌而興奮的，這裡的每個工程師都認為自己與眾不同，都覺得自己是這個世界上最出色的工程師，他們對此「確信不疑」。這樣的環境大大激發了人們的創造性，自然也會因此而導致一些小小的麻煩。

一個星期一的早晨，哈默興沖沖地來到自己的辦公室——他今天準備把自己的新發明拿給老闆驗收。「這可眞是一個富有創意的構想，」一邊走向自己的工作臺，哈默一邊興奮地對自己說道。他剛剛設計完成一種新型的示波器，為了減輕這種設備的重量，他別出心裁地用較薄的十六號鋁材取代了標準的十四號鋁材，雖然有些冒險，但他相信自己會成功的。

可萬萬沒有想到，當哈默來到自己的工作檯前，居然看到了這樣的一幕：他的示波器被毀掉了，有人把外殼拆了下來，壓成一個圓餅。正當哈默準備破口大罵的時候，他看到了被壓扁了的外殼後面貼著一張小紙條，上面寫著「你可以做得更好——大衛·帕卡德」。

沒過多久，這個故事就傳遍了整個惠普公司，每個人都知道老闆對工作有著極其嚴格的要求，如果碰到自己不喜歡的產品，他寧願把它們毀掉。哈默也因爲這件事情而受到了鼓勵，因爲人們也都看到了這樣一個事實：老闆對他充滿信心，始終堅持他能做得更好。

42. 我們從不給自己找藉口

藉口是最爲廉價而不具說服力的東西。它無益於任何工作的開展，不會導致任何有益的結果，會使你失去別人的信任，而且更爲嚴重的是，它會腐蝕你的心智，甚至可能使你徹底喪失前進的動力。

人最大的敵人其實是自己，周圍所有的人，包括你的親人、上司、同事、同學等等，他們所帶給你的壓力都是外在的，你完全可以透過自己的努力去應對或者是改變，惟獨我們內心對自己的放縱和無原則的寬容是可怕的，它會從根本上腐蝕我們。

內心堅定的人能夠在任何惡劣的條件下自我發展，而那些內心缺乏韌性，總是給自己的行爲找各種藉口的人，很可能一生都會無所作爲。

EDS是全球最大的電腦服務公司，我們知道，當該公司的創始人佩羅從IBM辭職出來創立這家公司的時候，他並沒有強大的資金支援，心裡對自己的前途也並不完全充滿樂觀。可短短三年之後，EDS成爲美國最大的電腦服務公司，到該公司上市的時候，它已經成爲一家價值高達八十億美元的公司，而這一切都只不過是發生在短短幾年之間的事情。

身為退役水兵，並沒有太多電腦專業知識的佩羅是怎樣做到這一點的呢？

「我們從不給自己找藉口，」在接受《商業週刊》記者採訪的時候，佩羅這樣說道，「做任何事情都有困難，我們能夠完成許多在別人看來非常困難的工作，這就是我們的競爭力所在。」

早年的海軍服役經歷使佩羅養成了良好的工作習慣，他的客戶稱EDS公司的銷售人員就像是：「一支紀律嚴明的機動部隊，他們都穿著閃亮的皮鞋，衣服領子都直挺挺地豎立起來，頭髮梳得一絲不亂……」

就像佩羅所宣稱的那樣，EDS的員工從來不會為自己的失誤找藉口，「我們更關心的是，為什麼客戶的需要沒有得到滿足，以及如何去滿足這些需要，」佩羅公司的一位員工這樣說道，「這就是我們的企業文化，我們只認目標，而不管其他，這或許是因為我們的員工當中有很大一部分都是退役軍人吧！」

43. 因果法則無處不在

早在三千多年以前，古希臘哲學家亞里斯多德就曾經提出了著名的因果法則，他相信，這個世界上任何事情都有著它發生的原因，而任何事情的發生也都必然會導致相應的結果，所有的事情都是相互聯繫在一起的。

如果說這個世界上眞的有任何恒久不變的存在，因果法則就是其中之一。

這一法則給我們的最大啓示就是：在遇到任何事情的時候，都不要無謂地怨天尤人，而要從這件事情發生的原因，以及它所可能產生的影響等層面來考慮問題，只有這樣，才能使我們更加理解自己所面臨的問題，並對它所可能導致的結果有著更加清醒的認識。

這一法則無處不在，無論是日常生活還是工作當中，我們都可以感受到它的影響。

「一件事情發生，一定有它發生的原因，並且會導致相應的結果！」這是維亞康姆總裁雷石東最喜歡的一句口頭禪。

身爲猶太人的雷石東，從小就堅信一個人的命運只應該掌握在自己手裡，所以無論遇到怎樣的困難和障礙，他從不怨天尤人。這種品格在他在哈佛大學就讀期間表現得尤爲突出。

當時是一九四一年，正是太平洋戰爭進行到關鍵的時期。爲了響應國家的戰爭動員號召，哈佛大學組織了一支精銳「解碼神兵」，抽調一些兼通數學和日語的學生負責破譯日軍的通信密碼。

任務雖然很光榮，可擺在面前的任務可謂是困難重重。就在解碼工作剛剛取得階段性突破的時候，當時《華盛頓郵報》的一位記者卻對此事大加渲染，一時間，「解碼神兵」的新聞鬧得美國人心沸騰。

可這條新聞卻給整個解碼小組帶來了空前的沮喪情緒。《華盛頓郵報》的報導無疑會引起日本軍方的高度重視，如果對方因此而改變通信密碼系統的話，整個小組的前期準備工作就都將毀於一旦。美國軍方準備以「通敵叛國罪」起訴《華盛頓郵報》，並準備將這位記者繩之以法。

可當時年僅十九歲的雷石東卻提出了截然不同的看法，他相信，所有事情的發生都是有原因的，既然這位記者能夠發掘出這條新聞，這說明美國軍方對此事的保密程度並不夠，而且俗話說「兵不厭詐」，雖然日本軍方可能會立即知曉此事，但如果華盛頓軍方不採取任何行動的話，日本人很可能就會把這件事情當成是一場煙幕彈，而一旦華盛頓對此事大加追究，才會使整個前期工作功虧一簣，因爲這無疑是在告訴日本人，「《華盛頓郵報》上的新聞是眞的！」

果然，解碼小組採納了雷石東的建議，並沒有對此事採取任何進一步的行動，結果後來的事實證明，日本人確實把這件事情當成是美國軍方故意散發的煙霧彈，因此並沒有改變自己的密碼系統。就這樣，雷石東的建議爲美軍破解日軍通信密碼立下了汗馬功勞。

44. 換個角度看問題

法國《前衛》雜誌曾經刊載過一篇名為「致孤獨者」的文章，文中談到了現代人的孤獨感問題。作者相信，現代人的孤獨感在很大程度上是由人們看問題的片面性所導致的。現代社會人跟人之間交流的日益密切，在很大程度上反而使得人們感覺更加孤獨。為什麼會這樣呢？原因就在於人們看問題的角度。這篇文章的作者說，現代的許多社會問題變得越來越複雜，但是很多人都只看問題的單方面，結果在進行交流的過程當中，持不同觀點的人就更容易發生碰撞，從而就會使人們產生更加強烈的孤獨感。

事實確實如此。想想看，我們遇到的很多問題都是由於與事者的角度不同所導致的。換句話說，只要我們能夠適當地換個角度看問題，更多的從別人或者哪怕是一個不同的角度看待當前的事情，我們所面臨的很多困難其實都可迎刃而解，日本SONY公司創始人井深大的一件事情就很貼切說明了這個道理。

在一次業務會議上，公司的幾位海外部門經理一直抱怨說公司的廣告策略跟不上當地的潮流，結果使得公司投入大錢做的廣告反而給公司形象造成了不好的影響，於是他們紛紛建議改換廣告公司。可另一方面，還有一些經理認爲公司目前的這家廣告公司是經過愼重考慮後選擇的，該公司在各個方面都做得比其他的同行更加優秀，所以他們相信問題並不是出在廣告上面。

聽到經理們的爭論，井深大並沒有說什麼，他只是微微一笑，然後走了出去，剛才發言的那幾位經理一時驚呆了，不知道自己剛剛究竟說錯了什麼話。

很快，只見井深大手裡拿著個蘋果走了進來，「各位同事」，井深大對大家說道，「你們哪位能夠告訴我，如果我一刀切下去的話，你們將會看到什麼？」

「蘋果核吧。」「蘋果子。」「鴨蛋型的蘋果核。」大家你一言我一語地爭辯起來。

等大家說完之後，井深大慢慢把蘋果橫著放在桌子上，然後用力一刀切了下去，一聲脆響之後，井深大拿起蘋果，把橫切面對向大家，「請告訴我，你們看到什麼？」

「一朵櫻花！」大家異口同聲地說道。

「不錯，正像大家看到的那樣，蘋果核本身並沒有發生任何變化，只是我切蘋果的方法有些不同罷了，所以我們剛才討論的廣告情況也是如此，希望大家能夠換個角度看問題，能不能在不更換廣告公司的情況下改變廣告的效果？」

在井深大這一思路的啓發下，各位經理很快想到了一個解決問題的方法：他們決定改變投放廣告的媒體和時間，然後把在不同國家播放的廣告片進行輪換，結果收到了出人意料的好效果。

45. 偉大的人也會犯糟糕的錯誤

發明家愛迪生曾經說過：「在我一生所進行的無數次試驗當中，失敗的次數要遠遠多於成功的次數，有時我甚至會頑固地堅持一些後來證明是非常荒謬的決定。事實證明，再偉大的人都會犯錯誤，何況我呢？」

一個不可否認的事實就是，我們每個人都會在自己的工作和生活當中犯錯誤，注意，我們在這裡說的是不折不扣的錯誤，而不是因爲嘗試而遭遇的失敗。造成這些錯誤的原因或許是因爲我們掌握的資訊不完全，也可能是因爲我們過於受到經驗的影響，但無論如何，只要我們能夠坦然承認自己確實犯了錯誤，不要給自己找任何藉口，那就說明我們還沒有達到不可救藥的地步。

還在史丹福大學讀書的時候，惠普公司創始人之一的比爾．休利特就以調皮搗蛋而聞名，據說他經常攀登學校裡的岩壁，還把毛毛蟲放到老師的工作臺上，最慘的是，他有一次居然設計把一整桶水倒在老師頭上……

史丹福大學寬鬆的教學環境最終還是容忍了年輕比爾的無禮，不僅如此，睿智的特曼先生還成功地幫助比爾把自己的創造性轉移到了產生新發明上面。在時近六十年的工作生涯當中，比爾一共取得了十三項專利技術，其中最後一項是在一九七一年取得的，當時他都快六十歲了。

在這十三項發明的背後，是數不清的失敗，狒狒事件就是一個極好的例子。

就在上個世紀七〇年代的時候，比爾被當時廣受宣揚的電擊療法迷住了。根據當時媒體的報導，電擊方法可以在病人進行手術的時候讓其進入麻醉狀態，從而最大限度地減少使用麻醉劑帶來的副作用。聽說這個消息之後，比爾馬上命令惠普的研究人員展開相關試驗，試驗的對象是科羅拉多州的六頭大狒狒，經過多次試驗之後，結果證明，這種想法根本不可能成功，事實上，它是一個極爲荒謬的狂想。

試驗終於以失敗告終，可參加試驗的六頭大狒狒卻成了經理最大的麻煩，沒有人願意接收這些搗蛋的傢伙，牠們在惠普公司也成了人人走避的燙手山芋，當初負責買進這些動物的專案經理更是哭笑不得。

46. 不知道失敗是什麼的人永遠無法成功

人生本來就是一個有起有伏的過程，必然也充斥著各種各樣的成功與失敗，就好像沒有黑夜就無所謂白天一樣，沒有了失敗，成功也將變得毫無意義。只有哪些經歷過失敗的人才能夠眞正體會什麼是成功，就正如眞正吃過苦的人才知道甜的滋味，只有經歷過失敗的人才能夠體會到成功帶來的喜悅。

失敗也是成功最好的墊腳石。用「吃一塹，長一智」來表達這句話再合適不過了。正是無數次的失敗使一個人逐漸成熟起來，正是不斷地成熟進步才造就了一個穩健的成功者。那些一再失敗的人大多數都是因爲沒有把握住失敗所帶來的意義——這種意義不僅僅是技巧上的，更是心靈上的。

威爾許讀高中的時候，雖然個頭不高，已經成爲該校冰球隊的主力隊員。高三那年，威爾許隨隊出征，連戰連勝，在最初的三場比賽當中分別擊敗了來自其他高中校隊的對手。

可好運不長，在接下來的比賽當中，威爾許接連失利，連負六場，而且有五場都是以一球之差敗北，所以在最後一場比賽當中，全體隊員可以說是卯足了勁要贏得這場比賽，雙方拼搶到了白熱化的程度，一直打到加場賽。

不幸的是，加場賽開始後不久，對方就順利攻入一球，贏得了這場比賽。隊員們的心情可想而知，身爲副隊長的威爾許更是氣急敗壞。回到休息室，滿腔怒火，一言不發。

正在這個時候，休息室的門「砰」地被撞開了。威爾許的母親從外面衝了進來，頓時，剛才還鬧哄哄的休息室馬上安靜下來，所有的隊員都把注意力集中到這位中年婦女身上，看著她向自己的副隊長走去。

「笨蛋！」母親當著衆人的面大聲吼道，「如果想不經過失敗就成功的話，那你顯然是想錯了！如果眞是這樣的話，你就根本沒有前來參加比賽的資格！」

在自己的回憶錄當中，威爾許這樣回憶自己的這段經歷：「我當時感到極大的羞辱！但這番話確實讓我終生難忘……母親教會了我競爭的價值以及參與競爭的條件，不僅如此，她還讓我懂得了在前進的過程中隨時準備接受失敗的必要性！」

47. 學會放鬆是成功者的必修課

對於希望自己能夠在生命中有所成就的人來說，學會放鬆本身也是一項重要的功課，毫不誇張地說，它或許是所有成功元素的基礎。

洛克菲勒創業早期，他的工作狀態用「工作狂」三個字來形容毫不爲過。有人曾這樣總結洛克菲勒在五十三歲那年的成就：標準石油公司所有人，世界首富，以及一塊墓碑。

確實，五十三歲那年的那場大病把洛克菲勒逼近墳墓的邊緣。根據他的醫生說，洛克菲勒的病完全是由於憂慮、驚恐、壓力及緊張所致。很多人或許會感到奇怪，到底是什麼事情能夠讓這個世界上最富有的人煩惱呢？事實上，一個人的生存狀態完全是他自己選擇的結果，在必要生活條件得到滿足的前提下，我們每個人都可以選擇自己的生存狀態，有的人選擇快樂，有的人選擇憂慮，有的人選擇清閒，有的人選擇忙碌，而洛克菲勒爲自己選擇了煩惱。

他永遠無休止地、全身心地追求目標，據熟悉他的人說，每次做成了一筆生意，他的慶祝方式也不過是扔帽子，然後跳一陣土風舞。可是如果賠了錢，他就鬱鬱寡歡，甚至會大病一場。據說有一次，他要運送一批價值四萬美金的糧食，保險費要一百五十美元。他覺得太貴了，因此沒有購買保險。可是當晚伊利湖起了大風，洛克菲勒整夜擔心貨物受損，第二天一早，當他的合夥人跨進辦公室時，發現洛克菲勒正來回踱步。

一看到有人走進辦公室，他就馬上叫道：「快去，馬上去查查，看看我們現在還來不來得及投保。」合夥人奔到城裡找保險公司。可等他回到辦公室時，發現洛克菲勒的心情更糟。因爲他剛剛接到消息，貨物已安全抵達！於是洛克菲勒更生氣了，因爲他們剛剛花了一百五十美元買保險。

事實上，是他自己把自己搞病了，他不得不回家，臥床休息。想想看，他的公司每年營業額達五十萬美元，他卻爲區區一百五十美元把自己折騰得病倒在床上。他無暇遊樂、休息，除了賺錢及主日祈禱，他沒有時間做其他任何事情。

永遠缺乏幽默，永遠只顧眼前，是洛克菲勒整個事業生涯的寫照。後來，醫生向他發出了嚴重警告，並讓他做出自己的選擇：財富與憂慮，或者是生命。在得到合作的保證之後，醫生們開始竭盡全力挽救洛克菲勒的生命，他們要他遵守三項原則，永遠不得違背：第一，絕不要在任何情況下為任何事煩惱；第二，多在戶外從事溫和的運動；第三，注意飲食，每頓只吃七分飽。

從那天開始，洛克菲勒退休了，他開始學習打高爾夫球，從事園藝，與鄰居聊天、玩牌，甚至唱歌。他開始思考如何用錢去為人類造福，把自己的億萬財富散播出去。

就這樣，洛克菲勒開心了，他徹底改變了自己，使自己成為無憂無慮的人。

48. 給洛克菲勒的一美元小費

成就所帶來的一個最要命的副產物就是：它容易使我們陷入迷失狀態。許多人會因爲自己所取得的一些成就而無法清醒地認識自己，他們或者會過於高估自己的能力，或者錯估自己所取得的成就，並因此在隨後的日子裡做出錯誤的判斷。所以對於任何已經取得一定成就，並希望能在今後取得更大成就的人來說，他們所需要的最重要修煉之一就是：保持一顆平常心。

或許是因爲出身貧寒的關係吧，洛克菲勒一直保持著一顆平常心，即便在成爲世界首富之後，他仍然保持著自己的這一本色。

洛克菲勒喜歡乘車到各地視察自己的公司，據說有一天，他來到一家火車站，準備趕火車回到紐約公司的總部。這是一個既髒又亂的候車室，可已經勞累了三天的洛克菲勒也顧不得這些了，他坐在一個靠近候車室入口處的地方休息起來。很快，列車進站，開始剪票了，老人不緊不慢地站起來，準備往剪票口走。

忽然，候車室外走來一個胖太太，她提著一只很大的箱子，正急匆匆地要趕這班列車，可箱子實在太重了，胖太太只好停下身來，四處打量，看有沒有人能幫自己。正在這時，她看到了洛克菲勒，可當時胖太太並不知道自己眼前的這個人就是世界首富，於是衝他大喊：「喂，老頭，你給我提一下箱子，我一會給你小費。」聽到這句話，那老頭二話不說，拎過箱子就和胖太太朝剪票口走去。

上車以後，胖太太抹了一把汗，從口袋裡掏出一美元遞給那個老人，老人微笑地接過。正在這時，列車長走了過來：「洛克菲勒先生，請問我能爲你做點什麼嗎？」

「什麼?洛克菲勒？」胖太太驚叫起來，「天呢，我竟讓您洛克菲勒先生給我提箱子，還給了您一美元小費，我這是在幹什麼啊？」她忙向洛克菲勒道歉，並誠惶誠恐地請洛克菲勒把那一美元小費退給她。

「太太，不必道歉，妳沒有做錯什麼。」洛克菲勒微笑著說道，「這一美元，是我掙的，所以我收下了。」說著，洛克菲勒把那一美元鄭重地放進口袋裡。

第六章　如何做好自己

做好自己並不是一件容易的事情，因爲它意味著改變自己，突破自己，並在必要的時候強迫自己做一些自己並不願意做的事情。

49. 不要讓螞蟻奔跑

愛迪生每天在自己的實驗室工作十八個小時以上，當別人盛讚他在發明二千多項專利的同時，還創建了通用電氣公司，愛迪生卻回答道：「我不覺得自己有多辛苦，說實話，我甚至從來都不覺得自己是在工作，在我看來，我每天的生活就是娛樂而已。」

一九九八年的時候，美國著名的蓋洛普公司進行了一項針對成功人士的生活狀態調查，結果發現，在所有事業有成的人士當中，有九十四％都不覺得自己的工作辛苦，他們覺得自己享受工作甚至於享受工作所帶來的報酬。

心理學家們告訴我們，一個人的思維方式和行爲習慣的基本成型期是在三歲到十五歲之間，在這段時間裡，一個人開始形成自己的基本性向特點，也就是我們通常稱之爲「天賦」的東西，這些特點一旦形成之後，就很難再改變過來。正因如此，絕大多數的成功學家都會建議人們，選擇工作的時候一定要順應自己的天賦性向，並認定這是任何人在生活和事業上取得成功的關鍵所在。

很多成功人士的發展軌跡似乎也印證了這一點，默多克就是一個很好的例子。

雖然默多克在牛津大學完成自己的學業，可照他自己的觀點看來，他眞正進入英國社會是從六〇年代他收購英國報紙的時候才開始的。剛剛進入英國社會的那段時間裡，爲了擴大新聞集團的影響，默多克曾經頻繁地出席各種媒體活動。

有一次，當一位電臺主持人問他爲什麼會選擇從事媒體行業的時候，他的回答非常簡單：「我只能從事媒體業，就像不能指望螞蟻去奔跑那樣，你不能指望一個像我這樣爲報紙而癡狂的人去從事媒體以外的行業。」

對於默多克來說，經營報紙似乎是一種與生俱來的天賦，如果說他的成功眞有什麼秘訣的話，那恐怕就在於，他充分發揮了自己的這一天賦。

從早年時候起，年輕的默多克就意識到了報紙爲父親帶來的權力和快樂。他喜歡跟隨父親在繁忙的報館裡跑來跑去，甚至曾經爲撲鼻的油墨氣味而癡迷。「出版商的生活大概是這個世界上最美好的生活，」默多克曾經這樣回憶道，「自從我躺在床上看著父親批閱報紙的那一刻起，我就確立了這樣的想法。」

接管父親遺留下來的報紙之後，默多克把握社會潮流、駕馭大衆輿論的本能優勢顯露得愈發明顯，在此後多年的收購征戰當中，他更是表現得如魚得水，常常毫不費力地決勝千里，取得了一次又一次的勝利，新聞集團的版圖也得以一次又一次地擴展。

50. 拒絕變成符號，做回真自己

前不久在媒體上看到了一些關於「寶馬撞人案」的討論，大致是說，有些人一旦開上了寶馬，便不自覺地產生了莫名的優越感，在大街上橫衝直撞。

這種現象實在可悲。當財富和權力成爲衡量一個人的主要指標時，周圍的輿論實際上是在用溫柔之手把那些擁有財富和權力的人推到懸崖邊上，只要一不留神，他們就會墜落深淵。

相比之下，那些能夠在喝彩聲前保持清醒，拒絕變成符號，堅持做回自己的人，無疑就體現了一種大境界。沃爾瑪公司的創始人山姆．沃爾頓就是這樣一個例子。

即便在自己已經成爲美國首富之後，沃爾頓先生仍然堅持過平民生活，他拒絕出席各種記者招待會，拒絕成爲媒體關注的焦點，拒絕使用豪華的辦公室，拒絕把公司總部遷到大城市，甚至拒絕在第五大道擁有自己的住宅。

「他擁有帝王的身價，」《財富》雜誌曾經這樣報導，「卻過著平民一樣的生活！」

「我不希望變成符號，」沃爾頓對這種評價作出了回應，「我只想做回我自己！」

記得有一次，一位朋友奉勸沃爾頓請電話局把自己的名字從電話簿上刪除，並讓人把自己家門前郵箱上「山姆．沃爾頓」的字樣劃掉，「你現在已經是名人了，」這位朋友說道，「以前的生活方式已經不大適合你了。」

「我的朋友，」沃爾頓微笑著說道，「如果是這樣的話，那我的朋友是不是也應該換一換呢？」

看著朋友尷尬的樣子，沃爾頓繼續說道，「沃爾瑪的意義在於讓人們過更好的生活，而不是要改變我自己——我只想做我自己，這就夠了！」

51. 不要害怕被排斥在主流之外

無論從事任何行業，能夠站在巔峰，或者正在爲挺向巔峰而努力的人總是孤獨的。造成這種孤獨的原因可能是因爲他們對某些事情有著與衆不同的觀點——畢竟，能夠站到巔峰的人必定會有一些超出別人的地方，另一方面，使他們感到孤獨的原因也可能是因爲他們的地位所造成的。他們所擁有的財富或者是權力會讓他們周圍的人感覺自己受到了威脅，自然就會疏離他們，使他們感到孤獨。

在許多跨國企業的第一代領袖當中，像默多克這樣含著金鑰匙出生的人恐怕並不多見。默多克出生之前，他的父親基斯爵士就已經是澳洲聲名赫赫的報業大亨，擁有《新聞報》和先驅報業集團的許多股份，並對澳洲的政界產生了一定影響。

可顯赫的身世似乎給默多克帶來更多的是煩惱而不是優越。他就讀於一家名爲傑隆文法學校的寄宿學校。還在上小學的時候，默多克就因爲父親的關係而在學校裡受到排斥，父親的權力使默多克不得人心，小朋友不願意帶他參加各種活動，甚至連集體活動的時候也沒人願意跟他一組。幼年的默多克常常因此備感孤獨，每個星期最大的樂趣就是一個人騎著摩托車到附近的賽馬場賭馬。

可到後來在回憶起這段經歷的時候，默多克感受到更多的是獨立的重要性，他相信，要想成就大事，一個最重要的品質就是，不要害怕被排斥在主流之外，「你必須堅持自己的想法，」默多克這樣對前來採訪自己的一位自傳作者說道，「我們唯一真正能夠依靠的，只有我們自己，那些所謂的親密友誼只可能會害你。因為終有一天，你手中的權力和財富會使得你跟周圍人的關係發生變化，所以千萬不要讓別人的看法來左右你的決定！」

52. 凡事敢於自己做出選擇

凡事都要敢於做出自己的選擇。一個不會自己做出選擇的人永遠無法實現眞正的獨立。一個人不敢對自己不同意的事情說「不」，永遠不會體現出自己在這個世界上的價值。

很多人由於缺乏自信，或者是害怕傷害對方感情等原因，往往不在關鍵時候表明自己的觀點和立場。雖然他當時可能贏得一團和氣，但事實上，他並沒有對自己盡到責任，也沒有爲整個決策過程貢獻出自己的智力，這其實是不可取的。

在當今世界財富排行榜上，排在第一位的是比爾．蓋茲，可如果讓時光倒退一百年的話，這個位置應該屬於一位名叫卡內基的人。

卡內基童年的時候，他的父親就帶著一家人從蘇格蘭飄洋過海來到美國，希望能夠爲自己的生活帶來轉機，可讓他萬萬沒有想到的是，當時美國的一派欣欣向榮沒有給自己帶來任何新的希望（老卡內基來到美國的初衷，是能夠繼續從事自己心愛的織工行業，可到了美國之後，他卻發現當時的美國已經進入了機器織布時代），反而給年輕的卡內基帶來了轉機。

剛剛九歲的卡內基在當時美國那樣的環境當中可謂如魚得水。短短幾年之內，他就從郵局的信差成爲一名類似於今天的會計職員。在這段時間裡，卡內基遇到一名改變自己一生命運的人，一位名叫湯姆遜的商人，他的出現爲卡內基的人生開闢了一片新的領域，並引領卡內基進入鐵路及鋼鐵製造行業。

可在卡內基本人的回憶當中，自己人生中最重要的一次決定，卻是「脫離湯姆遜」。

「這件事使我懂得了獨立選擇的重要性，」卡內基回憶道，「當每個人都認爲我會支持湯姆遜的時候，我退卻了，事實證明，我的決定是正確的，因爲如果繼續爲他提供貸款擔保的話，我的所有努力都很可能毀於一旦！」

53. 成功者要敢於出風頭

在許多人的傳統觀念當中，出風頭一向是一種不成熟的做法。許多人相信，一個喜歡出風頭的人總是會招致周圍人的反感，不利於其自身的成長和發展。於是就有了「木秀於林，風必摧之」，「槍打出頭鳥」等說法。

可事實上，在洛克菲勒看來，出風頭是一件非常重要的事情，它表明了一個人自我展示的積極態度，而且如果一個人能夠透過出風頭的方式給別人留下深刻印象的話，那他的機會就要大很多。

熟悉洛克菲勒的人都知道，在他進入石油行業，並創辦自己的標準石油公司之前，曾經從事過很多行業，並擔任過很長時間的推銷員。在其長達七年之久的推銷員生涯當中，洛克菲勒曾經爲一家名叫雪佛的公司做過藥品銷售代表。

當時的情況跟現在差不多，各種銷售代表充斥著大街小巷，很多推銷員都爲了能夠見到客戶一面而絞盡腦汁，想著能夠以怎樣的方式見到客戶的面，並能夠盡可能地引起對方的注意和重視。

洛克菲勒也不例外，他當時也面臨著這樣一個問題。每次跟客人見面之前，洛克菲勒都會精心準備一份產品說明書，並事先演練好跟客戶的溝通注意事項，還要對自己的外表進行一番精心的修飾。可過了一段時間之後，洛克菲勒發現這種方法毫無效果，於是他決定來點新鮮的。

很快，洛克菲勒獲得了一次面見客戶的機會。爲了能夠引起客戶的興趣和重視。在路過一家動物商店的時候，洛克菲勒特地跑到商店裡面給自己買了隻猴子。就在那個星期六的上午九點鐘，洛克菲勒準時踏進客戶的辦公室，和其他的推銷員一起在門口排隊，等著被這家公司的經理召見，可誰也沒有想到的是，洛克菲勒先生竟然帶著一隻猴子作爲自己的同伴。爲了不引起其他人的注意，洛克菲勒事先給這隻猴子準備了一只大籠子，並在籠子的外面蒙上了一層紅布。

很快，輪到洛克菲勒。只見他不慌不忙地走進客戶的辦公室，跟客戶握了握手，就在客戶正準備跟洛克菲勒詳細談生意的時候，洛克菲勒突然打開籠子，把早已在裡面憋了很久的猴子放出來。這下猴子可來勁兒了，只見牠亂蹦亂跳，竄來竄去，把整個桌子搞得一塌糊塗。

看到這種情況，其他推銷員都忍不住大笑起來，他們覺得這下洛克菲勒可是徹底完蛋了，沒有一位經理會喜歡一個把自己的辦公室搞得一塌糊塗的傢伙……可讓所有人大吃一驚的是，最終這位經理選擇的恰恰是洛克菲勒的藥品。

「其中的道理非常簡單，」多年以後，當洛克菲勒跟自己的兒子西恩談起這件事情的時候，這樣總結道：「想想看，有哪位經理能記住二十幾位推銷員的姓名呢，於是當秘書問那位經理準備選用哪家廠商的產品，那位經理告訴他的秘書，就用那個帶猴子來的傢伙推薦的吧！」

54. 生活中不能沒有挑戰

在任何一個人的發展道路上，我們所遇到的最大的敵人不是各種前進的障礙，而是自己內心的自滿與不思進取。

沒有人喜歡接受挑戰，大多數人都希望自己的生活能夠平穩安定，任何的變動，哪怕是向著好的方向發展的變動，都會破壞一個人的平靜，使他的內心起波瀾。

但另一方面，生活中不可避免的各種挑戰也會給我們帶來相應的機遇。正如哈佛大學醫學院的一項研究結論，當任何生命體，無論是人還是其他動物，陷入巨大危機的時候，他們本身所蘊涵的生命熱情會促使其作出超常的反應。或許正是因爲如此，那些眞正能夠每天進步的人，或者說那些眞正能夠有大成就的人，總是會把挑戰看成是一種生活方式，他們當中的很多人會把挑戰看成是生活當中一個不可缺少的組成部分，並且把每一次危機都當成是一種「稍微帶風險的機遇」。

上個世紀七〇年代末期的時候，全球最大的獨立電腦服務公司EDS創始人羅斯．佩羅，曾經這樣告誡自己的同事：「挑戰是一種生活方式，每個人都應該參與其中。」直到今天，這句名言仍然激勵著一代又一代的年輕人在自己的人生歷程中不停地拓展疆土，事實上，在佩羅的一生當中，他也是始終不停地奔走衝殺，從不間斷地接受一個又一個挑戰。

早在童年時代，佩羅就是一位出色的生意人。他六歲開始學做生意，爲客戶提供馴馬服務，他的第一位客戶是他的父親，爲了提高服務品質，保證客戶滿意，他甚至在馴馬的時候摔斷了自己的鼻樑骨。

七歲的時候，他有了自己的第二份工作，開始走門串戶地在特薩卡的鄰居間叫賣各種鮮花種子，爲了吸引客戶，他發明了很多有趣的叫賣口號，其中有很多口號甚至還在小夥伴們中間廣爲流傳。

到了十二歲那年，他手中的商品由鮮花種子變成了報紙。爲了創造新的客戶市場，佩羅主動到小鎮上的黑人區開闢新的送報路線，在這段時間裡，爲了保證送報時間，他每天早上三點半起床，來回奔波數十公里。

從海軍退役後，佩羅進入IBM公司，他的第一份工作是銷售員，由於IBM公司的銷售員一向是根據銷售業績分紅的，所以佩羅的收入很快引起了周圍同事們的嫉妒，他也因此被譽爲「ＩＴ界最天才的銷售員」。

但眞正的轉折來自於一九六二年的一個下午，當時佩羅正在理髮店翻報紙的時候，突然看到這樣一句話：「很少有人對自己的生活眞正感到滿意，但能夠採取行動去改變自己生活的人更是微乎其微，大部分人都在過著一種平靜但近乎絕望的生活！」也就是從那一刻起，佩羅的人生掀起了又一場新的風暴——不到一個月之後，EDS公司在他手中孕育而出……

55.每天都要接受智力上的挑戰

很多人的本性當中都有追求安逸的成分，所以在大多數情況下，當一個人已經置身穩定的環境，如果他還想要強迫自己每天接受挑戰，不斷努力突破自我，那就需要巨大的毅力了。

人們偷懶的方式有很多，其中最有殺傷力的一種就是：選擇簡單的工作。一方面，那些喜歡選擇簡單工作的人在心理上會認爲，因爲自己一直在忙碌，所以自己並沒有偷懶，另一方面，由於在做簡單工作的時候，他並沒有遇到任何能力上的挑戰，所以也很難有任何突破，無法提升自己的個人能力。

被業內尊稱爲「紅石老人」的山姆·雷石東是一個公認的天才，他少年時曾就讀於全美排名第一，以教學嚴謹、競爭激烈而聞名的波士頓拉丁學校。從拉丁學校畢業之後，年僅十六歲的雷石東進入哈佛大學法律系攻讀；二次大戰期間，他憑藉著自己對於數學和語言的天賦，親自率領一個工作小組一舉破解了日本軍隊的聯絡密碼，幫助美軍在海上打敗日軍，成爲第二次世界大戰的一個轉捩點。戰爭結束之後，雷石東回到哈佛大學，僅用兩年的時間就拿到了法律碩士學位，開始了長達十年之久的律師生涯……

現在的雷石東，除了繼續經營自己的公司之外，還在哥倫比亞大學法律系兼職授課，他每個星期都會跟學生聊上一段自己的經歷，據說有一次，一位學生問他為什麼到了八十幾歲的時候還能夠保持如此敏捷的思維，雷石東回答道：「這其實並不難，除了保證身體的健康之外，我還要強迫自己遵守一個基本的原則，就是不做簡單的工作。」

看著學生們一臉的疑惑，雷石東笑了笑，繼續說道：「只有讓自己的大腦每天都接受智力上的挑戰，我們才能永遠保持思維上的敏捷，這個道理其實非常簡單。我們都知道，如果運動員不能夠經常提高訓練標準，他就不可能進步，而如果當他在原地徘徊，別的選手卻在努力進步的話，他很快就會被淘汰，智力上的賽跑也是一樣的道理啊！」

56. 成功的秘訣在於成為一個不可替代的人

上個世紀七八〇年代的時候，由於美國經濟總體處於低靡狀態，許多大公司紛紛裁員，導致美國社會出現了一種普遍流行的「職業恐懼症」，很多人都爲自己會失去手頭的工作而憂慮不已。

針對這種情況，當時一位名叫阿齊的猶太裔美國人出版了一本名爲《讓你永遠不會失業》的書，一時間風靡全美。在這本書當中，阿齊提出了一個著名的觀點，「對於一家公司來說，成功的秘訣在於生產出你的競爭對手無法取代的產品，而對於一個人來說，永遠不失業的秘訣就在於讓自己成爲一個不可替代的人。」

事實確實如此，當一個人透過自己的努力變成老闆，或者無法被任何人取代的時候，他距離成功就不遠了。

讀過《松下幸之助自傳》的人都知道，即便在早年的學徒時期，松下就已經是一名優秀的學徒了。

還在自行車鋪當學徒的時候，松下深受客人們的喜歡，其原因之一就是因爲他爲人非常勤快，經常幫助前來看自行車的客人買香煙，送貨上門等，由於為人機靈而又非常實在，所以松下很快成為商店裡能力最強的推銷員。

後來雖然因為一心想進入電燈行業發展，松下偷偷離開了自己的老闆，可他在自行車鋪裡學到的那種「努力讓自己變得不可替代」的精神，仍然主導著松下的一切行為。

松下研製的電池剛剛問世的時候，由於這是新產品，所以很多經銷商都不願意把松下的產品擺到商店前面。看到這種情況，松下立即開始想辦法讓自己變得「不可替代」，他決定把自己的產品免費贈送給這些經銷商的老闆們，讓他們在自己的家裡和自己的商店裡試用，並聲稱，如果自己的電池不能堅持四十五天以上的話，將收回所有商品，已經售出的也原價退還。

就這樣，過了大約半年之後，松下開始親自登門瞭解情況，並開始就銷售條件跟經銷商展開了談判。剛開始的時候，由於很多經銷商欺負松下是新進入市場的廠家，就提出了延長票期，降低折扣等不合理的要求，松下堅決不同意，於是經銷商就威脅說要把松下的產品撤下貨架。

「您當然可以這樣做，」聽到威脅之後，松下微笑著告訴經銷商，「但我可以肯定，如果這樣的話，您不僅要花更多的時間更換電池，而且您的用電成本也會大大增加，因爲在電池壽命和用電成本方面，松下的產品現在已經變得不可替代了。」

聽到這裡，經銷商覺得松下說得確實沒錯，只好答應了松下的條件。

57. 凡事要求做到最好

對於那些渴求成功的人來說，敢於爭做第一是一種非常重要的特質。做第一需要付出極大的努力，同時「做第一」的決心也會時時刻刻給一個人帶來巨大的精神壓力，迫使此人每天都努力取得進步，在自己能量極限的顛峰不斷挑戰自己，實現自我突破。

正如我們前面談到過的那樣，雷石東的中學時代是在美國波士頓的拉丁學校裡度過的，該校最著名的特點就在於它所提倡的競爭精神，所有到過該學校的人都對此深有體會，雷石東這樣回憶自己在學校的生活：

每天早晨一睜開眼睛，我所能想到的第一件事情就是要去拼。要想在學校出人頭地，你必須不斷地參與競爭，不斷拼搶，無論做什麼事，你都必須設法成為第一，否則你就會成為失敗者，因為沒有人會關心誰是第二名。

有一次，雷石東得了猩紅熱，由於病情已經到了相當嚴重的程度，所以他不得不按照醫生的吩咐，在醫院裡躺上一個月。少年雷石東感到萬分焦慮的是，當時距離學校的考試只有一個多月時間了，他可不想因爲生病而影響了成績。

不能學習的日子是痛苦難捱的，爲了解決這個問題，雷石東讓媽媽把所有的課本都搬到病房裡，由於不能坐起來看書，媽媽就爲他專門準備了一個可以升降的板子放在他的背後，讓他可以斜靠在床頭，然後把板子放在自己面前，把書本放在板子上閱讀。

有了書讀以後，日子就容易打發了。不知不覺間，一個月過去，雷石東終於可以回到學校重新上學。回到學校之後不到半個月，考試也開始了，當然，雷石東再次拿下第一！

58. 讓自己擁有核心能力

美國著名營銷專家，《定位》一書的作者里斯相信，要想在消費者心目當中留下印象，公司的產品必須有著清晰地定位，里斯指出，「每家公司都應當擁有自己的核心能力，推出自己的核心產品，就像吉列刮鬍刀在男士潔面用品，麥當勞在速食行業一樣，人們只要一想買剃鬚刀就會想到吉列，一想吃速食就會首選麥當勞……」

無論是對企業還是對個人來說，核心能力都是其公司或個人品牌當中的一個重要元素，從某種程度上來講，它定義了該公司或個人在社會上的生存價值。那些不能堅持自身優勢的企業或個人，大都無法取得長足的發展，而相比之下，那些能夠堅持塑造自身品牌，堅守自身核心能力的公司或個人最終都取得了莫大成功。

和所有的企業家一樣，一旦自己的企業發展到一定的規模，他就會面臨很多誘惑：擴張企業規模、改變企業形象、改變個人生活方式，甚至是改變自己以往的人際關係。

可這樣的規律似乎並不適用於山姆．沃爾頓，無論沃爾瑪商店發展到什麼地步，他始終堅持自己的個人交際風格和生活方式，他的這種心態和性格特點直接影響了沃爾瑪商店的發展，並成為上萬家沃爾瑪商店不斷持續發展的直接動力。

大約在一九八五年的時候，有一次，一位華爾街的投資銀行家曾經鼓勵沃爾頓抽出一部分資金，用來投入到一些其他領域當中。當時這位銀行家建議沃爾頓把錢用來直接製造產品，或者是投資到金融領域。「這樣做不僅利潤豐厚，」這位銀行家在給沃爾頓的信中這樣寫道，「而且很可能會對沃爾瑪的後續發展帶來積極的影響！」

可沃爾頓還是抗拒了這種誘惑，「我們早就認定，身為一家零售企業，我們的業務核心是商店。我們絕對不會沾惹上跟本行業無關的業務，我只知道做零售，所以我們會固守自己的業務核心，這一點永遠都不會改變。」

相比之下，那些不計後果進行擴展的公司就很快嘗到了苦果。沃爾瑪公司的競爭對手凱馬特公司就是如此。二十世紀八〇年代末到九〇年代初的時候，凱馬特開始從零售業轉移，收購了一些包括博多斯書店在內的連鎖企業，結果該公司很快步入困境，直到二〇〇二年徹底宣告破產。

59. 不要為薪水而工作

任何人無論從事何種行業，工作都是其生活的一個重要部分，除了週末假日之外，每個人每天都要投入三分之一的時間在工作上，可問題是，我們幾乎從來沒有去思考工作的目的。

「工作就是爲了掙錢！」

如果眞的是這樣，大部分年輕人實際上都是在做虧本生意，他們過於低估自己生命的價格，以至於他們以一種極其低廉的價格出售了自己生命中那最寶貴的一段。

一個只是爲了薪水而工作的人注定一生平庸，因爲他們實在沒有更高的人生目標，只等著每個月能夠使自己的信用卡數字增加一點點，並在這種無聊的數字遊戲當中忽視了自身的累積，並不知不覺地消耗自己那萬金難買的生命。

很少有人會把一份工作看成是一個展示自我的平臺，在他們看來，工作是只是一種謀生的手段，正因爲如此，我們當中的很多人在尋找工作的時候，都會把起薪看得非常重要，而不會去考慮自己能夠得到什麼薪水之外的收穫。

長時間以來，巴菲特都一直把經濟學家格雷厄姆當成自己的指導老師，無論是在自己默默無聞的時候，還是當他已經成爲「華爾街之王」的時候，巴菲特從來都沒有忘記自己的這位老師。

剛剛從大學畢業的時候，巴菲特和他名叫鮑勃的同學一同前往華爾街求職。晚上回到宿舍之後，倆人開始交流起今天的經歷。

「你知道嗎，巴菲特？」鮑勃興沖沖地對自己的同學說道，「我今天面試的那家投資銀行已經決定聘請我了，每個月的薪水是八百美元，你看怎麼樣？」

「你是說額爾曼投資銀行嗎？」巴菲特問道，「我覺得那是一家挺好的銀行，但我還是覺得格雷厄姆提供的那份工作比較好！」

「哦，眞的，那老傢伙每個月給你多少錢？」鮑勃驚訝地問道，要知道，就當時的情況來說，八百美元已經是一筆不小的數字了。

「他說他只能給我四百美元，但工作滿一年後就會加薪。」巴菲特回答說。

「四百美元，那可太少了，爲什麼不去換一家呢，巴菲特？」鮑勃建議道，「要知道，在學校讀書的時候，你的成績可比我好呢！」

「是這樣的，我覺得如果到格雷厄姆那裡工作，我所得到的將不僅僅是薪水，我還能學到很多其他東西，那些都是用錢買不來的。」

「哦，是嗎，我可不覺得這個世界上有用錢買不來的東西。」鮑勃冷笑了一聲，翻身睡去了。

就這樣，不同的選擇使得兩個人踏上了完全不同的人生道路。在一九七三年的那場股市崩盤當中，鮑勃失去了工作，而巴菲特卻憑藉著自己從格雷厄姆那裡學到的投資理念成爲當年的唯一贏家，成功入主哈撒韋公司，並隨後一度躍居世界首富的位置。

60. 學會用最短的時間做最出色的表現

著名的管理學家，美國史丹福大學教授吉姆．柯林斯相信，從優秀到卓越的過程是一個不斷突破自我，不斷向自己的極限挑戰的過程。在這個過程當中，「學會用最短的時間完成最出色的工作」就是一項極好的自我訓練，那些眞正富有智慧的人總是會強迫自己進行一些稍微超出常理的練習，從而不斷改進自己的思維方式，提高自己的工作效率，最終取得更高的成就。

在哈佛就讀期間，比爾．蓋茲大二的時候遇到了自己後來的戰友，被認爲是「幫助蓋茲把夢想變爲現實的鐵腕人物」史蒂夫．鮑默爾，倆人一見如故，迅速設法搬到同一間宿舍裡，開始了大學期間的「雷電宿舍」生活——他們經常會在自己的房間裡就很多問題進行激烈的爭辯，並把這稱爲是「雷電般」的辯論。

除了喜歡進行辯論之外，比爾和史蒂夫喜歡一起玩考試比賽遊戲——當然，這是一種只有極端聰明的人才有資格參加的比賽。

很多人都喜歡蹺課，又都希望能夠在考試中得到最高的分數，比爾也不例外，只不過跟大多數人不同的是，他能夠做到！

每次考試之前，比爾和史蒂夫都卯足了勁，誰也不肯先拾起書本，只有到最後時刻，他們才會眞正開始複習——當然，這種複習肯定是通宵達旦，而且效率奇高。結果呢？他們每次都能拿A，而且有一次，在宏觀經濟考試當中，史蒂夫得了九十七分，比爾得了九十九分，每次提到這件事情的時候，史蒂夫都會感到忿忿不已。

「這是一種非常有趣的經歷，」每次跟人談起這段經歷的時候，比爾都會這樣說道，「當然，我並不是鼓勵每個人都這樣做，但它確實教會了我一件事情——無論做什麼事，我們總是應該學會提高效率，盡力用最短的時間，完成最多的工作，而且是在保證品質的前提下。」

事實證明，那些眞正能夠做到「用最短的時間完成最出色工作」的人往往需要具備以下幾點素質：

首先，他們具有高度專注的本領，我們很難想像一個總是三心二意的人能夠在最短的時間裡完成其他人需要竭盡全力才能完成的工作。畢竟，人們對於工作的要求不僅僅是數量而已，品質也是一個關鍵因素。

其次，他們本身具有很強的心理素質，能夠承受巨大的心理壓力。中國有句俗諺叫「笨鳥先飛」，對於那些對自己的能力缺乏信心，或者說根本無法在緊張壓力之下工作的人來說，他們會把「截止日期」看成是一把高懸在頭頂上的利劍，甚至會陷入惶惶不可終日的狀態。

第三，他們非常擅長自己所從事的工作。由於平時的累積已經達到了足夠的水準，所以他們可以在很短的時間裡，透過高度集中的方式，進行突擊式的工作，從而以最高的效率取得最好的效果。

61. 專注比天分更重要

能集中精力工作本身就是一種天才的表現。

當威爾許在伊利諾伊大學攻讀化學博士學位的時候，他曾經被認爲是「以最快速度拿到博士學位的學生」——他比一般學生拿到博士學位的時間短了兩年。即便是在多年以後，威爾許仍然再爲自己的這一記錄感到自豪。回憶起自己的這段經歷時，威爾許充滿感情地告訴大家自己的「秘訣」：專注。

在攻讀博士的時候，威爾許的研究領域是蒸汽供應系統中的凝結問題，所以他經常要用很多時間把水氣化，然後觀察氣化的氣體水是如何在實驗儀器當中慢慢凝結成水的。這種實驗一般要花上很多時間，而且有時甚至要靠運氣。所以在撰寫論文的那段時間裡，威爾許的大部分時間都是在實驗室裡度過的，他常常在早上八點鐘就趕到實驗室，然後一直忙碌到晚上十一點才離開。除此之外，他還要花很多時間來學習法語和德語，因爲根據伊利諾大學的規定，要想拿到博士學位，學生還必須通過法語和德語考試。

「爲了通過這兩門考試，」威爾許回憶道，「有一年暑假，我一連三個月都在閉門學習法語和德語，然後我走進教室，把所有的東西都倒出來……最終順利通過了考試。」

「我不是天才，」威爾許這樣總結道，「但是我可以集中精力地去完成一項工作，有很多更聰明的學生都沒有順利地完成他們的論文，我想最主要的原因可能是因爲他們缺乏緊迫感，精神不夠集中吧！」

62. 學會立即採取行動

這個世界上從來不缺乏那些有著奇思妙想的人，眞正缺少的是那些能夠把自己的奇思妙想變成現實的人。

「對於你來說，你今天成功最爲關鍵的一步是什麼？」在拉斯維加斯的一次電腦行業會議上，一位記者這樣問比爾．蓋茲。

「一九七三年，我們在哈佛大學操場上的那個決定，」蓋茲毫不猶豫地回答道，「在《大衆電子報》上看到Altair8080問世的消息之後，我們意識到電腦的變革即將到來，我們要率先參與這個過程，就是這樣。那確實是最爲關鍵的一步，就是從那天開始，我們走上了一條無法回頭的道路，要麼成功，要麼失敗。」

「從這件事情上來說，你覺得自己成功的經驗是什麼呢？」記者接著問道。

「立即動手！」蓋茲乾脆地回答道，「這個世界上代價最高的三個字就是『等等吧』，它會使所有的機遇都化爲泡影，使所有的希望與憧憬都變成毫無意義的幻想。所以即便到今天爲止，一旦微軟確定了要向某個方向發展，我們就會毫不猶豫地著手去做。在做的過程當中，如果遇到任何困難，我們只會想著如何去克服困難，而從不會懷疑自己選擇的道路是否正確——在我看來，一個人的選擇只有兩種，成功的選擇和不成功的選擇，而導致這一差別的就是你對待選擇的態度，雖然做了不一定成功，但毫無疑問的是，那些畏首畏尾，不肯邁出第一步的人永遠不會成功。」

63. 今天能完成的事情不要拖到明天

我們如今正生活在一個團隊程度日益加深的時代，無論一個人處在任何崗位上，他的工作都不可避免地跟其他人產生連結，在這種情況下，一個人工作的延遲往往會導致整個工作環節陷入停滯，從而影響整個團隊的產出與最終協作結果。

從個人的角度來說，拖拉不僅意味著工作的延遲，還會使一個人與很多機遇擦肩而過，據說比爾·蓋茲曾經爲了完成IBM的訂單而率領一個七人小組在一間沒有通風設備的房間裡鏖戰一年，終於開發出了對方需要的產品，爲微軟公司的創建和發展打下了基礎，我們很難想像，如果當初蓋茲因爲延遲交貨日期而與IBM合作破局的話，這個世界上最終會不會有一家名叫微軟的軟體公司。

海爾集團剛剛提出要「日事日清，日進日高」的時候，很多企業都有一種「耳目一新」的感覺，而事實上，早在上個世紀七〇年代，這一原則就以各種口號的方式開始在美國各大公司廣爲流傳了。

沃爾頓本人是一個非常討厭教條的人，他很少爲自己的員工制定任何形式的行爲規範，因為在他看來，無論採用什麼做法，只要能讓顧客感到滿意，讓顧客在購物的時候感覺更加舒適，員工們都可以進行嘗試。正是在這一理念的指導下，公司管理者們一般不會對員工有統一的要求。大部分員工都會根據客戶實際面臨的情況採取適當的服務方式。

只有一種情況例外，那就是著名的Sundown Rule（日落原則）。

根據這一規定，沃爾瑪百貨的員工必須做到準時有效率，一旦接到客戶的任何請求，無論付出怎樣的代價，只要情況允許，沃爾瑪的員工都必須在接到請求當天的太陽下山之前滿足客戶的要求，實在無法做到的，也應該及時向客戶作出答覆，並解釋原因。

有一次，一位顧客跑到沃爾瑪商店為自己的女兒購買生日禮物，他告訴沃爾瑪的店員，雖然自己家附近也有蛋糕店，可女兒一定要吃沃爾瑪的蛋糕，所以希望沃爾瑪能夠滿足自己女兒的這個要求。可不巧的是，當時碰巧商店裡的蛋糕師請假，怎麼辦呢？

情急之中，沃爾瑪的一位店員安撫客戶，向對方保證自己會在晚上商店關門之前把蛋糕送到他家裡，一面急忙駕車跑到三十公里之外的另一家沃爾瑪商店，請那裡的蛋糕師立即加工蛋糕。就這樣，這天下午客人下了班回到家裡的時候，就發現自己家的門廳裡擺放著一盒蛋糕，上面還有一張賀卡，寫著全體沃爾瑪店員的祝福。

64. 先做最重要的事

不知道你有沒有想過，每天早上來到辦公室的時候，或者當你接收到一大堆任務的時候，你最先需要做的是什麼？

很多人會首先去完成那些最著急的事情，他們相信，如果一件事情確實很著急的話，那就應該首先被完成，其他的事情可以放到以後。

事實上，這種想法是錯誤的。

美國一位名叫菲爾的個人管理專家告訴人們，在我們每天所面對的大量工作當中，真正需要被排到首要位置的，是那些最爲重要、能夠對我們的工作效果產生最大影響的事情。在菲爾看來，任何一件事情，如果它不是最爲重要的話，無論它有多麼著急，都不會對一個人的工作產生太大影響，所以即便由於時間緊迫，這件工作最後沒有完成，它也不會給這個人帶來大麻煩，相比之下，如果一個人因爲時間緊迫而沒能及時完成那些重要工作的話，他很可能就會勞而無功，忙碌了很長時間也不會有任何效果。

剛剛出社會的時候，史丹福還不是聲名赫赫的鐵路大王，他當時只是一個小毛頭，還不到二十歲，大學畢業沒多久。或許是因爲受到了一些西部文學作品的影響，年輕的史丹福始終對西部充滿嚮往，於是他就來到了一家鐵路公司任職，這樣他就可以經常到美國中部旅行。

有一天，在忙碌了一天之後，正當史丹福剛剛收拾完手頭的工作，要回家拿些行李，然後跟隨公司的列車去蒙大那州的時候，他的上司突然叫住他：「等一等，史丹福，我今天上午讓你準備的那份要帶給海倫娜車站站長的文件準備好了嗎？」

「哦……眞對不起，」直到這個時候，史丹福才突然想起了這件事情，「您看，我今天實在忙得暈頭轉向，實在非常抱歉！」

「哦，可以告訴我一下嗎，年輕人？你今天都忙了些什麼？」上司問道。

「我首先完成了這個月的工作總結，然後給海倫娜車站的站長打了電話，告訴他我的行程，還找人來修理了辦公室的電話機，最後又準備了幾份檔案，還把下個月的財務預算做了一下……」

「哈哈，小夥子，看來你今天的效率可眞夠高的啊！」上司笑道，「那麼可以告訴我，你爲什麼這麼著急完成所有這些事情呢？」

「這樣就可以去海倫娜了啊！」史丹福馬上回答道。

「那你知道我爲什麼派你去海倫娜嗎？」上司接著問道。

「知道，你要我帶給海倫娜站長一份文件。」話音剛落，史丹福馬上意識到自己的問題，於是臉立刻「唰」地變紅了。

「是啊，年輕人，如果你到出發之前都沒有準備好那份檔案的話，你的這次海倫娜之行還有什麼意義呢？」看著史丹福沮喪的神情，這位上司安慰他說道，「以後一定要記住這一點啊，年輕人，如果你不能把最重要的工作完成的話，即便做了再多，也是毫無意義的啊！」

65. 稍微多做一點

「完成你的工作！」這只是社會對一般人的要求，而對於一個希望能夠在事業上做出突出成就的年輕人來說，這個要求顯然是不夠的。

如果有可能的話，我建議你去完成一些本不屬於你自己的工作，也許這些工作會佔用你一定的時間，而且它很可能並不會給你帶來任何報酬，但相信我，你的上司對你的一舉一動都瞭若指掌，他們不會因爲你沒有要求就毫無表示，遲早有一天，你會成爲他們最爲得力的助手，成爲他們身邊最不可替代的人。

想像一下，如果你的辦公室裡有十個跟你情況相似的人，他們跟你從同樣的大學裡畢業，年齡差不多，有著同樣的工作經驗，能力也並不比你差……在這種情況下，你怎樣才能讓自己更加重要呢？機會就在你平時多做的那一點工作當中。

只要你能堅持把自己的工作稍微多做一點，回報就會在不經意的時候，以一種令人驚奇的方式出現，卡內基的故事就說明了這個道理。

安德魯．卡內基剛到美國的時候，還只是個年約十歲的小男孩。他的父親老卡內基本來希望能夠到美國來重新發揮自己的手紡技術，可機器紡織在美國大爲盛行，所以一兩年之後，卡內基一家的生活便陷入困境，年幼的卡內基不得不出去工作。

剛開始的時候，卡內基在一家商務公司負責送信的工作，這份工作並不複雜，再加上卡內基爲人機靈，所以他很快適應了這份工作，並在十五歲那年被提拔爲公司經理的秘書，薪水也由原來的每週二美元漲到每週六美元。

在擔任秘書工作的時候，卡內基養成了一個習慣：每天下班晚走半小時。要知道，十五歲正是貪玩的年齡，所以卡內基的同齡人，包括那些年齡比卡內基還要大的人，都會在下班之前早早準備，只等鈴聲一響，便馬上衝出辦公室。

很快，這位經理發現，每當自己在下班之後，唯一能給他提供幫助的只有卡內基一個人。一段時間之後，這位經理遇到任何事情，無論是重要還是不重要的，他都會首先找卡內基……

大約一年之後，公司在西部開設了一家分公司，卡內基自然也被順理成章地任命爲這家分公司的經理，薪水漲到了每週二十五美元。

第七章　管理以人為本

在任何管理行爲當中，最困難的因素都是：人。正像著名的管理大師肯．布蘭佳所說的：「管理的最高境界在於學會照顧好你周圍的人！」

66. 管理是一種習慣

史丹佛大學商學院教授曾經給自己的學生們講過這樣一個故事，說他有一位表弟是天生的管理者。「因爲他從小就養成了一個習慣，無論接到什麼任務，他總是會首先瞭解整個流程和環節，」這位教授接著說道，「這是非常重要的，即便一個人的智商再高，如果他沒有養成良好的管理習慣，也無法成爲一名合格的管理者。」

經常光顧書店的讀者都知道，各種各樣的管理類圖書正充斥著我們的市場。很多人似乎相信，只要閱讀幾本管理圖書就能成爲一名合格的管理者，而一個不幸的事實則是，很多商學院的教授也未必能夠成爲眞正合格的管理者。

閱讀和學習能夠給人們帶來知識，而管理在本質上則是一種習慣。知識與習慣的最大區別就在於，知識能夠讓一個人知道自己該做什麼，而習慣則是一個具體的行爲方式。

現任微軟公司首席執行長的史蒂夫·鮑默爾被人稱爲是一個「天才的管理者」，二○○一年以來，他的風頭甚至蓋過了有著「全球第一CEO」之稱的前通用電氣首席執行長威爾許。

有人問到鮑默爾的管理秘訣，他這樣告訴訪問者：「管理完全是一種習慣，對於那些已經養成了必要習慣的人來說，管理就是把那些自己認爲應該做的事情付諸實踐，就是這麼簡單。」

根據鮑默爾的老闆比爾·蓋茲的說法，早在哈佛大學讀書期間，鮑默爾就顯示出了其管理的天賦。當時身爲哈佛大學校壘球隊隊長的他，平時最重要的工作就是幫助隊員們整理物品，每次訓練或者是一場比賽結束的時候，隊員總是會發現更衣室裡的所有物品都擺放得整整齊齊。「這只是管理者的必備素質之一，它使得一切計畫都得以按部就班地執行，而在這一問題上的疏忽也正是大多數公司之所以會失敗的根本原因。而對那些天生的管理者來說，它只是一種養成的習慣而已。」

除了整理物品之外，鮑默爾還總結了自己的另一項管理習慣：善於鼓動。聽過鮑默爾演講的人都不得不承認他是一位天生的鼓動家，每次舉行演講的時候，鮑默爾都會上竄下跳，手舞足蹈，他聲若洪鐘，講起話來極富幽默感。據說這一習慣也是在哈佛大學擔任隊長期間養成的，「鮑默爾的叫喊聲能夠帶給你一種巨大的動力，如果不用盡全身的力量去奮鬥的話，你就會覺得自己愧對自己的隊長。」鮑默爾壘球隊的一位隊員這樣說道。

67. 成為領袖的秘密

當選美國總統之後，羅斯福在接受電臺採訪的時候曾經被問到這樣一個問題，「你爲什麼會成爲幾億美國人的領袖呢？」羅斯福的回答非常簡單，「因爲我爲自己所定義的服務對象不是某個人、某個團體，而是所有的美國人。」

確實如此，別人對你的定義取決於你對自己的定義。如果你在跟人來往的過程中表現得像個騙子，別人就會把你當成騙子。如果你把自己看成是爲大家服務的人，別人就會把你當成朋友。同樣，如果你把自己當成能夠指引周圍人前進方向的人，他們也就會把你當成指路人。

成爲領袖的秘密在於只做那些領袖人物才會去做的事情。如果你只關心自己的家人，只希望能夠引起家人的關注，你就會成爲一個很好的家長；如果你把關注點放在自己的公司的話，你就把自己定位成企業經營者；如果你把自己服務的對象定義成整個國家的話，那你已經成爲這個國家的領袖人物。

山姆·沃爾頓曾經把自己成功的一大秘訣歸功於自己的親和力。「你必須能夠把員工們團結到一起，為此我願意付出所有代價。因為我堅信，要讓員工照顧好顧客，我們就首先必須照顧好自己的員工。要想成為領袖，你必須成為人們關注的焦點。」

山姆終其一生都在實踐著自己的這一信條，事實上，這種行為起源於他的學生時代。山姆．沃爾頓是一個非常活躍的學生，棒球、壘球、美式足球、滑冰、打獵……他似乎是樣樣精通。他一直忙著以各種方式吸引其他學生的目光，而且他似乎總能從這種行為當中獲得巨大的快樂和滿足感。有一次，山姆競選學生會的領袖。毫無疑問，他再次取得了勝利。在慶祝勝利的派對上，有人問起了山姆成功的秘訣。

「答案非常簡單，」山姆．沃爾頓俏皮地說道，「或許是因為我不夠聰明吧，我實在想不出更好的辦法，所以我就要用一個最笨拙的辦法來爭取人們的支持。」可支持者們似乎對這個模糊的答案並不滿意，當他們堅持要山姆給出一個明確答案的時候，山姆只好苦笑著說道：「好吧，如果一定要我說出什麼秘訣的話，我的秘訣其實非常簡單，就是微笑。」看著大家迷惑的樣子，山姆不禁大笑起來，「主動向每一個人打招呼，讓他們感覺良好。別人就會喜歡你，不是嗎？」

68. 總裁與員工之間的真正區別

記得有一次跟一位總裁級人物聊天，言談之中，大家就一件事情達成共識：在今天這個世界上，想做老闆的人太多太多，但眞正能夠去思考老闆和員工之間差異的人卻又太少太少。

唏噓之後，這位總裁告訴我，在他看來，管理者和員工之間的區別並非智力上的差異，他們之間的區別主要體現在思考的層面上。

管理者總是會從組織的層面上考慮問題，他們是整個組織資源的所有者或者是支配者，所以在遇到任何問題的時候，他們總是會進行「低空飛行」，從資源調配的角度考慮問題，所以管理者往往會給人一種「一無所長，卻又無所不能」的感覺。

而員工則更多會從具體操作的角度考慮問題，一旦接到一項任務，他們傾向從如何實現操作這一層面上考慮問題，員工通常沒有權力去支配資源，所以他們只能事事親力親爲，透過「地面推進」的方式來完成工作。默多克小時候的一些行爲似乎就說明了這一問題。

由於父親早年累積豐厚，默多克比大多數人都享受到了財富所帶來的幸福。童年時候的默多克就學會了許多財富的法則。

七歲那年，他的父親基斯爵士在澳洲瓦加瓦加附近的莫倫比傑河畔買下了一個大牧場。那裡有二千英畝的平地，還有一個大約一萬四千英畝的山丘地帶，是一座典型的大牧羊場。就是在這裡，默多克接受了自己最初的商業啓蒙，並進行了自己身為一名組織者最初的實踐。

賣兔子皮是當初默多克的一項主要業務，他跟自己的姐姐海倫常常爬到河邊的大樹上，然後把一個打開的夾子固定在一段鐵絲上，用抹了茴香的肉把兔子吸引過來，用夾子把兔子的脖子夾斷，然後把兔子從水裡拉上來，剝了皮，賣給客戶。

在這件工作當中，默多克充分顯示了自己的組織天賦，他經常強迫自己的姐姐來剝兔子皮——這是整個環節當中最難的一道工序，而且又極其令人噁心。

除了兔子皮生意之外，默多克還經常強迫自己的姐姐和兩個妹妹給自己做苦力，在海邊收集糞肥，然後由默多克親自把它們賣給附近的客戶。

童年的這段經歷所累積的經驗，在默多克後來的征戰生涯中發揮出威力，從最初接管《新聞報》，並率領四十名記者編輯奮力打敗《廣告人報》開始，默多克始終運籌帷幄，雖然他也被認爲「具有在戰場廝殺的天賦」，可在大部分時間裡，默多克始終都把自己牢牢固定在組織者的位置上，正像他後來所談到的那樣：「組織者是眞正的靈魂人物，他們是一群能夠用煤炭和礦石煉造黃金的人。」

69. 學會借用智慧

由於經營不善，加拿大最大的航空公司龐里托公司曾經一度陷入瀕臨倒閉的邊緣，截至二〇〇二年，公司外債總額高達三百餘億加幣，成爲各大銀行「最不歡迎的客戶」，一時舉步維艱。

在這種情況下，這家加拿大歷史最悠久的家族企業決定打破慣例，從外界聘請一位首席執行長保羅・特里耶來幫助公司扭轉頹局，走出低谷……僅僅在一年之後，奇蹟出現了，就在特里耶上任不到一年的時間裡，公司成功地實現了幾次大併購，股票市值一度上揚，公司也再次成爲多家銀行拉攏的對象。

在總結這次成功經驗的時候，公司董事長意味深長地告訴股東：「只有外來人才最瞭解龐里托公司的問題所在！」

很多時候，由於受到各種因素的限制，我們自身所處的環境往往會成爲我們看清事實的最大障礙，在這種情況下，幫助我們認清問題的最佳方法，就是去徵求旁觀者的意見和建議，從最爲客觀的角度發現問題，並提出相應的補救方案。

在迪士尼公司的發展歷史上，曾經發生過一件非常有趣的事情，這件事情之所以流傳甚廣，不僅因爲它有趣，而且它在很大程度上反映了華德・迪士尼先生的著名理念：在很多時候，旁觀者反而比當局者更能找到問題的癥結所在。

去過美國加州洛杉磯迪士尼樂園的人都知道，加勒比海盜是樂園裡最有趣的娛樂項目之一，事實上，很多大老遠趕去迪士尼樂園的人就是爲了乘坐海盜船。他們可以深入到地底，親眼目睹海盜們的殘忍，體驗加勒比海風情，爲了達到最逼眞的效果，建造者在細節上猛下功夫，市集上討價還價的婦女，監獄裡處心積慮逃跑的囚犯，臥倒在街頭的醉漢，爭吵不休的夫妻……一切都栩栩如生，惟妙惟肖。

可就在該旅遊項目修建完成的當天，發生了一件有趣的事情。當時公司總裁邁斯納・迪士尼號召全體員工來到加勒比海盜進行體驗，並鼓勵大家在遊覽之後提出自己的感受和建議。

這一招還眞靈！一位員工剛剛走下海盜船，就向老闆反映說自己感覺有些地方不對勁。聽到這句話，迪士尼先生大爲高興，連忙要他停下手上所有的工作，找出問題所在。

「其實也沒什麼大不了的！」一個星期之後，這位員工跑來告訴自己的老闆，「我只是覺得加勒比海地區好像有很多螢火蟲，可我們這裡卻沒有罷了！」

於是迪士尼先生急忙命人設計一些可以飄動的螢火蟲，並把它們「放飛」到整個「加勒比海地區」，一時間，「加勒比海盜」面目一新，整個遊覽項目境界全出，成爲歷史上最成功的遊樂項目之一。

70. 學會區分你的員工

從管理者的角度來說，每一個員工對公司的貢獻肯定都是各不相同的，毫無疑問，那些處於關鍵崗位，對公司貢獻更大，同時也需要承擔更大責任的員工自然應該受到特殊待遇，否則他們心理一定會不平衡。

組織行爲學創始人保羅．赫塞曾經說過，要想理解任何一個組織的結構，只要把它最重要的幾個成員的職能瞭解清楚就夠了。確實如此，在任何一個組織當中，實際上發揮關鍵作用的往往只有那幾個人，他們支撐起整個組織的日常營運，並在組織營運過程當中始終發揮策略性的作用，爲整個組織的健康發展起不可估量的作用。就好象拿破崙說過的那樣，「法蘭西軍隊雖然強大，但如果沒有了最精銳的三十名將軍，幾十萬大軍將在瞬間淪爲烏合之衆。」

另一方面，對於所有的組織成員來說，他們都會有獲得認可的內心需求，而在來自各方面的認可當中，來自上司的讚揚和令眼看待無疑是最重要的，從這個意義來看，上司對於下屬的區別對待也是非常重要的。

早在創辦自己第一家飯店的時候，希爾頓就爲自己確立了這樣一個原則：一定要牢牢記住每個員工的姓名，不僅如此，他還強迫自己記住這些員工的生日、愛好，乃至配偶的健康情況。這樣，每次在公司裡遇見同事的時候，只要時間允許，他就會走上前去，直接稱呼對方的名字，然後問候一番，並以此在整個公司裡營造出一種大家庭的氛圍。

後來，隨著公司的不斷擴展，員工人數也不斷增加，要想記住所有員工的姓名已經是不可能的事情了，於是希爾頓就把自己的原則改變爲：牢記三千名員工的名字。之所以會這樣，是因爲希爾頓先生堅信，無論公司發展到怎樣的規模，要想使公司始終保持穩定，只需要三千人就夠了，而且在推動整個公司發展的過程中，最關鍵的人物也一共只有大約三千人。

可是三千也不是個小數目，爲了使自己更容易記住這三千個人的名字，希爾頓把他們的照片貼在自己的辦公室裡，在照片的後面寫上員工的姓名，只要一有時間，他就會跟自己的幾位高級管理人員做起有獎競猜的遊戲，那些能夠準確記住每一位員工姓名的管理者將因此得到某種形式的獎勵。

72. 信任比監督更重要

美國一家大型人力資源諮詢機構曾經在二〇〇四年初，向全美二千家企業進行了一項調查，調查的主要內容是員工的工作效率與主管行爲之間的關係，調查結果顯示，在剛剛加入一家公司的最初三個月裡，主管的行爲對員工的工作效率影響是最大的，隨後這一影響就開始慢慢降低，直至最終保持在一個比較低的水準之上，然後就開始保持平穩。

「最初的三個月是非常關鍵的，」這家機構在其調查報告當中寫道，「它可能會造就一個出色的員工，也可能會複製出一個亦步亦趨的應聲蟲……」

除此之外，主管的行爲會在根本上定義員工與公司之間的關係。我們可以想像，那些整天在老闆的驅使之下工作的人，會怎樣定義自己和公司之間的關係?毫無疑問，在他們看來，工作只是一種謀生的手段而已，一旦有適當的機會，他們就會選擇離開這家公司。

相比之下，那些能夠給予員工充分的信任，向員工提供輔導，而不是監督的主管人員，更能夠激發員工對於工作的責任感，以及對公司的歸屬感。

英代爾公司第三任總裁貝瑞克是一個極其富有人格魅力的人。根據《福布斯》雜誌的說法，他之所以會被他的前任選爲繼承人，其主要原因就在於他「讓人難以抵抗的親和力，巨大的人格魅力，以及無與倫比的執行能力」。

二〇〇一年，剛剛上任的貝瑞克參加了美國國家電視臺（ABC）的一個訪談節目。節目當中，主持人問到貝瑞克的領導秘訣，貝瑞克豎起了自己的食指：「信任！」他說道。

用人不疑一直是英代爾公司企業文化的一個重要信條，和大多數的美國公司一樣，任何人想要加入英代爾公司都必須經過嚴格的考核，而一旦被公司接納，員工便享有充分的自由。根據貝瑞克的說法，「每個人都可以在這裡得到自由發揮，只要結果可能會對公司有益。」

有一次，一位剛剛加入公司的工作人員向自己的上司請假一個星期，理由是他突然構思了一個很好的產品創意，想用一個星期的時間到主要的市場上進行考察！上司馬上拒絕了這位員工的請求，因爲在他看來，這位剛剛加入公司的員工根本不可能有任何的新創意，他所謂的市場考察，不過是要偷懶的一個藉口罷了。

當貝瑞克知道這件事情以後，立即給這位經理打了個電話，要求他批准這位員工的假期申請。

「我覺得信任比監督更重要，」貝瑞克這樣告訴經理，「事實上，如果你的手下已經到了必須在監督之下才能工作的地步，我覺得首先被解雇的應當是你本人！」

73. 老闆犯的錯，不應該讓員工承擔責任

一個可悲的現象就是，在當今的職場，我們會發現，老闆與員工之間的關係正在由最初的相互依賴轉變為相互防衛。

最近我的一位朋友剛剛失去自己的工作，但他本人實際上並沒有犯任何的錯誤——他的上司因為一次談判不利而失去一份大訂單，結果他成了替罪羊，上司藉口談判資料出了問題而把他開除，處於劣勢地位的朋友只能無奈地接受這樣一個現實。

這種事情如今並不少見，在很多公司當中，員工輕易地被當成是上司過失的犧牲品，很多上司都會把自己的過失歸咎到員工身上，一旦工作出了問題，很多管理者腦子裡的第一個反應就是：這件事應該由誰來負責。一旦管理者之間出現衝突，員工也總是會成為各種權力鬥爭當中的首選犧牲品。

但與此同時，值得安慰的是，多年的實踐證明，真正能夠取得成功的企業經營者往往都是那些能夠做到為自己的行為負責的經營者，惠普公司就是一個很好的例子。

在廣為流傳的「惠普之道」當中，一個核心的理念就是「責任」。我們知道，

一九三八年成立的時候，惠普公司只有兩個人，公司的全部資金只有五三八美元，可到了上個世紀九〇年代中期的時候，公司的銷售額達到了三百億美元，員工總數超過十萬人，而且雖然公司在其漫長的發展歷程當中歷經了各種波折，卻從來沒有出現過頹敗的跡象，堪稱是美國企業界的一大奇蹟。

支撐這種奇蹟的，正是惠普創始人所確立的高度責任感。「除了對客戶負責之外，我們還必須學會對員工負責。」創始人之一的大衛．帕卡德曾經這樣說道。沒有人會懷疑帕卡德的鐵腕，他最常說的一句話就是：「如果你幹不了這個，那就趕緊走人，我們會找一個能幹的。」但另一方面，也沒有人會懷疑他的責任感。第二次世界大戰期間的一件事情尤其能證明這一點。

和許多當時的美國企業一樣，惠普公司也可以說是被戰爭迅速催肥的企業之一。戰爭期間，由於來自軍方的訂單數量激增，當時的公司總裁大衛．帕卡德不得不在一個月的時間裡，將公司總人數擴充到二百人以上，以生產出足夠的天線控制器和相關設備，滿足美國軍隊的作戰需要。

美國軍隊贏得了這場戰爭，他們在海上打敗了日軍，從而扭轉了整個戰爭局面；惠普公司也贏得了這場戰爭，它的羽翼更加豐滿，生產技術大大改進，開始進入真正尖端設備的生產領域；這場戰爭唯一的輸家似乎就是大衛在戰爭期間招聘來的工人，由於訂單銳減，公司減產，他們當中的很多人也因此失去了工作。

「這是我的錯，」大衛．帕卡德這樣總結道，「老闆犯的錯，不應當讓員工承擔責任。執掌惠普十餘年來，這是我唯一的一次錯誤，我發誓這種事情以後再也不會發生了。」

74. 要想組織高效，一定要保持組織的透明

早期的領導行爲學告訴人們，領導者和被領導者之間的眞正區別在於雙方掌握的資訊不同。言下之意就是，領導者掌握的資訊要大於被領導者掌握的資訊，而領導者也正是透過自己的這一資訊優勢來穩固自己的領導地位。

這種現象事實上是非常危險的，對於個人來說，它會轉移人們的注意力，把自己日常工作的重心放在佔有，而不是分享。而對於身處資訊社會的我們來說，自己所佔有的資訊很可能會在一瞬間完全貶値，所以那些希望透過佔有獨家資訊而佔據領導崗位的人，結果可能很難達到自己的目的。

從整個組織的層面上來說，資訊的閉塞會導致效率降低，組織行爲學告訴我們，由於其所處的地位不同，所以在每個組織當中，幾乎所有的組織成員都可以從自己的角度對組織總體有所貢獻——但前提是組織成員必須佔有必要的資訊，所以從這個角度來說，只有眞正實現了組織透明化之後，人們才有可能建立眞正高效的組織。

衆所周知，微軟公司是一家高度注重效率的公司，有人說這或許是因爲比爾・蓋茲

在上大學的時候就比較注重效率，甚至在準備考試的時候都極力主張「用最短的時間學習，並取得最好的成績」，也有人認爲這是由於微軟公司所處的具體環境所決定——畢竟，軟體業是一個隨時危機四伏的行業。

但無論是由於什麼原因，微軟公司的高效是廣爲人知的。早在上個世紀九〇年代初期的時候，微軟便已在很多環節實現了透明化管理，公司總裁史蒂夫．鮑默爾更是相信「透明化管理才是提高效率的眞正法寶」。

有一次，微軟公司的一名員工發現公司在新近開發的一種軟體當中存在著技術上的紕漏，於是他立即給比爾．蓋茲發了一封電子郵件，對這個問題加以陳述。知道這件事情之後，史蒂夫．鮑默爾立即請蓋茲把這封郵件轉發給公司所有相關人員，不僅如此，他甚至還在公司的內部論壇組織專案討論，希望大家能夠就如何解決這個問題獻計獻策。

最後，在全公司技術人員的參與下，這一問題終於在最短的時間裡得到了迅速解決，爲公司新產品上市做好了準備，並爲後續的軟體發展工作打下了良好的基礎。

75. 組織的層級越少越好

在《傑克．威爾許自傳》一書當中，我們發現，大企業員工普遍存在這樣一種心態，他們總是在用自己跟公司最高層領導之間的層級差距，來衡量自己的事業發展水準：距離最高層領導之間的層級越少，就說明這些人的事業越成功，反之就越失敗。

在進行這種簡單的層級計算過程當中，組織的各級管理者們無意中忽略了組織層級的原始作用，甚至忘記了設立某一層級的初衷。

著名的華盛頓原理告訴我們，「在自己的周圍設立各種各樣的層級，把自己跟從事實際工作的人之間儘量拉開距離」是大部分管理者的一個普遍心態，在這些管理者看來，自己跟一線工人之間的層級越多，說明自己所處的地位就越高，使管理者在心理上產生一種可笑的權力感。

而事實上，只要稍微觀察一下，很容易發現這樣一個規律：凡是那些精明強幹的組織，它的組織層級必定很少，整個組織的結構非常扁平化。沃爾瑪公司也是如此。

在山姆．沃爾頓看來，公司全體人員當中，除了那些能夠親自接觸客戶，或者是切實為客戶提供服務的人員之外，其他人員都對公司沒有太多實際的意義。所以每當有人勸說山姆增加公司組織層級，或者是裝修公司總部辦公室的時候，他都會一口回絕：「請告訴我，這樣做對客戶到底有什麼意義呢？」

在山姆的這一思想指導下，公司的人力資源和公關部門成了日子最難過的部門。有一次，在公司的一場中級經理人會議上，一位負責形象公關的經理人慷慨陳詞，跟所有的高級經理們大談公司形象的重要性，並建議山姆應該在自己身邊安插幾為副總，在華爾街附近購買豪宅，聘請公關專家跟華爾街搞好關係。說完這些話之後，那位經理一副躊躇滿志的樣子，看得出來，他對自己的表現非常滿意，可與此形成鮮明對照的是，公司的其他經理人個個都低下了頭——他們知道，一場暴風雨就要來臨了。

果然，在聽完這位公關經理的發言之後，山姆並沒有任何直接的回應，他只是對其他經理們微微笑了一下，然後厲聲問道：「請告訴我，對於沃爾瑪公司的客戶們來說，這個房間裡最沒用的人是誰？我的問題是，是誰在拼命鼓吹著要把我從客戶身邊拉走呢……我想請在座的每一個人都記住，對於沃爾瑪來說，最重要的永遠是客戶，所有的人都應當緊貼客戶，就是這麼簡單。」

76. 高效的秘訣在於簡單

高效的管理一定是簡單的。

二〇〇二年，歐洲一家大型電信公司的一位高級經理，在接受記者採訪時談到了公司的管理情況。這篇採訪內文一刊登出來，這家電信公司在華爾街一下子受到了抨擊，公司股票驟然下跌。根據華爾街分析師的說法，主要原因就在於該公司「管理結構過於複雜，公司營運情況讓人難以把握」，分析師們對過於複雜的管理體系由衷的不信任。

威爾許曾經對那些勸誡自己不要對通用電氣大揮砍刀的人說過，「人們不希望看到過多非核心的東西，從這個角度來說，管理就像是寫作，我們必須把不必要的形容詞統統刪除。」

在定義微軟的管理秘訣時，被稱爲「世界第一CEO」的史蒂夫．鮑默爾提到了「簡單+勤奮」的方程式。他相信，任何複雜的結構或層級都只會把簡單的問題複雜化，使得工作人員的精力被一些不必要的繁瑣環節消耗掉，最終導致內耗。

有一次，一位專案經理準備向鮑默爾做工作報告，他聽說鮑默爾喜歡用數字來說明問題，於是花費大量精力準備了一套精美的幻燈片，在進行解說的同時，還配備了一大疊資料表格，希望能夠給鮑默爾留下深刻印象。

可讓他萬萬沒有想到的是，才剛進行三分鐘，鮑默爾就不耐煩了。「請告訴我，你講這段的目的是什麼？」鮑默爾直接問道。

「我想讓您瞭解一下我們在過去一年當中的成績。」經理回答道。

「好吧，不過我想，如果要告訴我你們的成績，最好方式就是告訴我你們的銷售額或者是利潤額，我想我只要知道這個數字就可以了，不是嗎？」

「可是……」經理剛想辯解，他的話就被鮑默爾打斷了：「簡單！簡單！簡單！這是我想要的，要知道，把問題講清楚是需要智慧的，而把複雜的問題講得簡單，則需要天才，我相信，微軟的每一個人都應該是天才！」

77. 人多不一定力量大

戴爾．道廷是美國著名的企業管理專欄作家，他的稿件每週都會透過自己的辛迪加公司發到全美各大報刊雜誌，產生極大的影響力。

一九九九年七月的時候，戴爾發表的一篇文章引起了當時美國企業界的極大轟動。在這篇文章當中，戴爾引用了一位經理的案例。根據這位經理的說法，他的部門剛開始創建時只有他一個人。當時他每天都要工作十二小時，兩個月之後，他向上司申請為自己招聘一個助手，希望能夠把自己的工作時間減少到八個小時左右，可讓他感到奇怪的是，助手來了之後，這位經理發現自己的工作時間並沒有得到有效的降低，為什麼會這樣呢？

在接受戴爾採訪的時候，經理這樣說道，「在剛開始的一個月裡，我每天要用兩到三個小時培訓這位助手，其後，在工作的過程當中，我們還要就各種問題進行交流，這大約要佔用我三個小時的時間，這也就意味著，即便堅持工作十二小時，我每天的有效工作時間也只有六個小時左右，而如果這位新任助手要為我分擔另外六個小時工作的話，他也必須工作十二小時，所以結果就是，我們兩個人每天工作十二小時，卻只能完成我一個人的工作量。」

在這個問題上，比爾．蓋茲可以說是眞正的聰明人，早在剛剛創立微軟公司的時候，他就已經意識到這一問題。從那時起，比爾．蓋茲始終就堅持著一條著名的「減一」原則。其具體的意思是，在分配任何一項工作的時候，都要把必要的人數減去一，也就是說，如果一項工作需要由三個人來完成的話，那就乾脆聘請兩個人來完成，相應地，如果一項工作需要的常規配備人員是四名，那就只請三個人。

「人多不一定力量大。」在向微軟的創業元老們解釋這條法則的時候，蓋茲這樣說道。有一次，一位微軟的工程師給蓋茲發郵件說自己的工作量太大，「我需要管理一支十二人的團隊，還要負責相當部分的程式編寫工作，」這位工程師在自己的電子郵件中寫道，「這樣的工作我實在無法忍受了。」

接到這樣一封郵件之後，蓋茲立即跟這位工程師進行面談，在談話即將結束的時候，蓋茲已經爲工程師所面臨的問題找到了答案，只不過這是一個讓工程師大爲吃驚的答案——蓋茲告訴他：「我建議你立即解散你的專案團隊，只留下四個人完成你手頭的工作，這就足夠了。」

為什麼蓋茲會做出這樣的安排呢？一位專案經理向蓋茲提出這個問題的時候，蓋茲回答道：「在跟這位工程師聊天的過程當中，我發現了一個事實，他把自己的大部分時間都用在了開會，協調工作，教導下屬，以及向上級申請彙報工作上面，這些工作每天佔用了他八〇%的時間。而且由於他並不善於管理，所以在很多時候，他的一些做法反而導致了整個團隊工作效率下降，另一方面，我們不要忘記，他還是一位天才程式設計師，如果能夠減少他在其他工作上面所消耗的時間，讓他在自己的工作當中真正發揮特長的話，我們就可以用更少的人來完成更多的工作，不是這樣嗎？」

78. 凡事一定要有人全權做最後的決定

試想一下，你是否曾經參加過這樣的會議：一幫人跑到某個度假勝地，經過幾天「緊張而密集」的討論之後，大家一拍而散，與會者沒有達成任何結論，也沒有任何人就任何事情最終負責，等到會議結束的時候，幾乎所有的人都不知道自己下一步要做些什麼，更不明白這次會議的初衷到底何在。

最近，聽說聯合國的職員們發動了一次聯合請願，除了針對腐敗問題之外，這次請願的一個主要對象就是會議問題。事實上，會議無效、拖延的問題不僅存在於聯合國內部。

在很多組織當中，我們經常可以看到這種現象。在很多剛剛經歷過轉型的企業當中，有些部門或者是員工整整幾個月都不知道自己應該向誰彙報工作，於是他們就盲目地聽從每一位領導的建議，而一旦幾位管理者就一個問題發生了衝突，會導致下面的員工陷入無所適從的狀態，導致資源的極大浪費。

微軟公司創立初期，由於人數不多，所以很多問題都是在大家的激烈爭論中解決的。根據許多微軟老員工的回憶，每到這個時候，大家都會集中到一個辦公室，把問題陳述清楚之後，個人便開始各抒己見起來，而比爾．蓋茲往往就是那個叫得最響的傢伙，也正是在他的帶動之下，大家紛紛貢獻自己的智力，使問題得到最爲迅速的解決。

可當公司發展到一定程度之後，早期管理中的很多弊端便日益暴露出來，其中一個最主要的問題就是決策權不明。

有一次，微軟公司的一個專案小組召開了一個關於專案定位的會議，根據事先的議程，會議的議題主要包括：確定專案負責人及分工問題，確立專案預算，以及專案截止日期。剛開始討論兩個問題的時候，一切都很正常，可正要開始討論第三個問題的上時候，比爾．蓋茲走了進來，正在進行的會議只好被打斷。蓋茲走進辦公室之後，就專案負責人等問題跟大家交流了意見，並就專案的截止日期提出自己的看法。臨離開辦公室的時候，蓋茲說了一句：「如果這個專案能夠在半年之內完成，我們的產品就可以在整整一年的時間裡保持領先。」說完，他就離開了。

於是大家紛紛站起來，以爲會議已經結束了，可就在這個時候，鮑默爾說了一句話：「我們還沒有確定截止日期呢！」當場有人說蓋茲已經表達了自己的觀點，鮑默爾說了這樣一句話：「比爾只是提了個建議，可這件事情必須由負責人全權負責，所以還是他說了算。」

79.每個人都只能有一個上司

在任何一個組織當中，資訊的通暢都是衡量該組織管理水準的一個重要指標。在那些管理水準高的高效組織當中，資訊——比如說領導層的某個決策或指示等——總是能夠在整個組織的各個層級當中順暢地流動，很少會在流動的過程當中遇到不必要的干擾或扭曲。

著名的微軟公司就是這樣一家高效的組織。

如今的微軟公司已經是名副其實的跨國公司，公司在世界各地設立有大大小小的分公司，管理著數以萬計的員工。可讓人感到驚訝的是，雖然微軟的結構繁瑣，人員繁雜，可無論是下達任何一個命令，或者是執行任何一項任務，總是能夠在最短的時間內將任務指令清晰地傳達給那些需要接收到這些資訊的人，絲毫不會有任何的耽擱。

任務的執行也是如此，在接到上司的命令，就相關的執行問題溝通好之後，執行者便會立即展開行動，在執行任務的過程當中也可以隨時保持溝通，從而保證了最佳工作效率，使得整個執行鏈保持簡潔、清晰而又高效。微軟的這種作風在很大程度上得益於公司總裁史蒂夫．鮑默爾的一個重要管理信念：在任何一個組織當中，每個人都只能有一個上司。

有一次，一家分公司的人力資源管理負責人到公司總部開會，在總部的大廳裡，他遇到了鮑默爾。由於兩個人見過面，所以就寒暄打了一下招呼。這位負責人告訴鮑默爾，他準備從甲骨文公司聘請一位軟體工程師，想徵求鮑默爾的意見，鮑默爾隨口說了一句：「我覺得他是個不錯的人！」

聽到這句話之後，那位負責人就立即給自己的辦公室打了個電話，告訴自己秘書這個消息，並請秘書儘快安排那位軟體工程師來上班。這位負責人本來打算向鮑默爾展示一下自己的工作效率，可沒想到剛掛電話，他就發現鮑默爾正一臉嚴肅地看著自己：「可你並沒有跟總部的人力資源部門商議這件事情啊，爲什麼就直接決定了呢？要知道，你請那位工程師可不是一個小角色啊？」

「我以爲您已經批准了，鮑默爾先生，」看到鮑默爾的表情，那位負責人心裡忐忑起來，「要知道，您是我的上司啊！」

「不，」鮑默爾的表情更嚴肅了，「在微軟，每個人只有一個上司，從你的角度來說，你的上司就是公司總部的人力資源部門，在工作上，你只需要對他負責就可以了。」

80. 細節的重要性

眞正能夠決定一項工作成敗的，不是大的戰略，而是小的細節，其中的道理非常簡單：因爲所有的大事件都是由小細節構成的。

但很長一段時間以來，細節的重要性一直沒有得到足夠的重視，甚至很多人會把「不拘小節」看成是一種值得推崇的優秀品德。但另一方面，無數的事實證明，只有那些眞正做到關注細節的人才能最終取得成功。

十九世紀中期，隨著美國西部淘金熱的興起，越來越多的人開始把眼光轉向西部，這時候，交通自然成了一個非常重要的問題，史丹福的鐵路公司在這種情況下應運而生。

隨著廢奴運動的興起，以及大批華人勞工進入美國，使得修建鐵路的勞動力問題得到解決，可另一方面，由於很多修路工人從事的是比較基礎的工作，而且本身也都沒有經過嚴格的培訓，所以在相當長的一段時間裡，史丹福本人不得不親自檢查鐵路的施工情況。

有一次，在檢查一段新近完成的鐵路時，史丹福突然發現腳底下好像踢到了什麼東西，仔細一看，原來是一顆鉚釘。按道理說，他只要把這根鉚釘撿起來交給自己身邊的工人就行了。可史丹福卻不認爲這是一件小事情，他急忙召集整個鐵路段的人開會，讓大家對自己施工的路段進行重新檢查。有人建議他說，這只不過是一件小事，不值得如此大張旗鼓，史丹福嚴肅地說道：「要知道，按照我們的規定，每個鉚釘都有它固定的地方，所以我堅信，如果在一個地方發現多了一顆鉚釘的話，那一定有個該上鉚釘的地方沒有上。由於所有的施工設備都要經過這段鐵路運到施工最前端，所以我敢保證，前方一定有某段鐵路缺了根鉚釘。」

果然，在經過近三天的檢查之後，一位工人承認自己確實少裝了一根鉚釘，聽說這件事情之後，史丹福勃然大怒，立即辭退了那名工人。

81. 學會關注細節

東方人講，「千里之堤，潰於蟻穴」，西方也有句名諺，「魔鬼蘊涵於細節之中」，可見對細節的關注是企業成敗的一個重要原因。大凡成功人士往往都比較關注細節，他們深知，能夠眞正影響企業成敗的，通常並不是那些大方向上的戰略決策，也不是所謂的企業文化，而是那些不爲常人所重視的細節。

據說，美國總統的工作日志上都會注明完成一件工作時最需要關注的細節性問題，也有考古學家們發現，古希臘成就最高的藝術作品往往是那些在細節表現上最爲精到的作品。瞭解麥當勞經營方針的人都知道，麥當勞對於自己的每一個加盟商都規劃到極端細緻的部分，包括牛肉餅的大小，土豆泥的選料，乃至地板色彩的搭配等等，麥當勞在這些方面做得如此細緻，以至於連它的頭號競爭對手肯德基的創始人桑德斯都不得不承認，「麥當勞確實沒有理由不成功！」

人類社會發展到今天的階段，所有的行業在本質上都變成了服務業，在這種情況下，對細節的關注也變得尤爲重要。對於所有的客戶方來說，細節上的差異往往會導致更大程度上的感受差異，從而影響整個產品或者是服務的最終效果。任何一個小小的瑕疵都會讓全盤規劃陷入功虧一簣的局面。

在遍佈全球的眾多迪士尼樂園當中，美國佛羅里達州的迪士尼樂園可以說是世界上最著名的樂園之一了。跟其他的樂園相比，它不僅占地甚廣，而且還開闢了很多其他迪士尼樂園所沒有的遊樂項目。

當初設計這一處迪士尼樂園的時候，設計師曾經在樂園當中規劃了一處面積比較大的叢林。按照當時的設計，遊客從叢林的一端走到另一端大約需要七分鐘。不僅如此，在這段時間當中，遊客還會接觸到很多森林中所特有的景觀，除了花草之外，還有很多小動物，小溪流，以及許多童話中的角色。

樂園開張之前，迪士尼先生照例親自前來體驗一番。在眾人的介紹之下，他來到了叢林。當設計人員介紹說跨越叢林大約要七分鐘左右，一直沈默的迪士尼先生急忙從口袋裡拿出手錶，然後開始步入叢林。

當他走出這片叢林的時候，發現自己其實只用了四分鐘左右。根據他的判斷，即便考慮到遊客速度上的差異（迪士尼樂園的遊客有很大一部分都是孩子，他們的速度顯然要低於成年人），遊客在叢林中遊玩的時間也大約只有五分多鍾，這顯然不符合設計師的介紹。

迪士尼立即把管理人員叫來。「馬上把指示牌換下來，還有景區說明書，」迪士尼嚴肅地告訴這位管理人員，「否則的話，細心的遊客會認爲我們是在故意欺騙他們。我可不希望出現這種事情。」

82. 酒香更怕巷子深

中國有句俗語說「酒香不怕巷子深」，長時間以來，人們一直覺得廣告是一種毫無效用的東西，他們認爲只要有好的產品，就一定不愁銷售。

但是可口可樂公司的做法截然相反，早在上個世紀初，當時的可口可樂公司就已經開始把相當大部分精力用在廣告宣傳上面。時至今日，公關部門已經成爲該公司最大的部門之一，每年該部門一個部門的支出就高達數十億美元。

剛剛實行這一策略的時候，推行該策略的公司總裁遭到了董事們的普遍反對，他們相信，身爲一家製造公司，可口可樂不應該在廣告宣傳上投入如此巨大的財力和精力。

爲了回應這種看法，當時的公司總裁理查採用了一個相當有趣的做法：他召集公司的幾位大股東一起開會，奇怪的是，他在開會之前並沒有告訴各位股東此次會議的主要議題，於是股東也只好一頭霧水的來到會議室。

會議開始了，可讓人感到更加摸不著頭腦的是，理查好像並沒有準備做什麼重要發言——他只是讓服務人員把幾瓶可口可樂倒在一個小容器裡，然後對容器進行加熱……

很快，容器裡的可樂被蒸發乾了，只留下一塊塊白色的漬痕。「請大家看一看，」理查對驚訝不已的股東們說道，「我們的飲料裡面到底有什麼？」

「碳酸。」一位股東嘟囔道。

「還有水。」另一位股東補充道。

「但沒有人能生產出這樣棒的飲料，」又一位股東好像並不甘心。

「是的，我們的產品確實與眾不同，但請大家回答我一個問題，」理查頓了頓，接著說道，「對於一種只是味道有些特別，但其中九七％以上的成分都是水的飲料來說，顧客憑什麼持續不斷地購買？」

一時間，大家不知道究竟該如何回答這個問題，他們面面相覷，然後紛紛把目光轉向理查，等著他得出結論。

「顯然，我們在廣告上的投入並不過分，」理查看著各位股東的表情，似乎感到非常滿意，「它使得人們不再把可口可樂看成是一瓶碳酸糖水，並進而把它變成了一種生活方式，這難道不正是我們的目標嗎？」

83. 學會設身處地為客戶著想

在一次面向國內企業家的演講當中，行銷大師科特勒向聽衆提出了這樣一個問題：「你們的客戶最關心的問題是什麼？有誰能用幾個字來回答這個問題。」這個問題當場引發了一陣熱烈討論。

現在有很多企業過於迷信廣告以及種種行銷手段，甚至都不去關心消費者的眞正需求，彷彿在這些企業的經營者看來，只要我的廣告足夠有吸引力，只要我找到夠出名的代言人，使用了夠精明的促銷手段，消費者就一定會喜歡我的東西。

其實未必，雖然有的人能夠透過行銷手段來控制和影響市場，但事實證明，大多數情況下，那些眞正能夠在市場競爭中取得成功的企業總是會先觀察消費者的眞正需要，然後再富有針對性地開發產品和展開行銷。

剛剛創建迪士尼公司的時候，華德．迪士尼先生就曾經夢想著自己有一天能夠把所想到的那些童話意境在現實世界裡建造出來。大約在一九五六年的時候，迪士尼先生終於把他的夢想變成了現實——就在這一年，迪士尼樂園正式落成。

有人曾把迪士尼樂園評選爲「人類有史以來最爲成功的建設之一」。剛剛落成那一天，樂園外面可謂遊人如織，門庭若市。事前的公關宣傳早已把遊客們的胃口吊得高高的，每個人都在期盼著能夠第一個欣賞到園裡的奇景。可就在這個時候，已經在樂園裡忙碌了幾個月的員工們卻突然發現了一件讓他們感到震驚不已的事情。

事情的經過是這樣的。爲了充分利用樂園裡的每一片空地，讓遊客們能夠在遊玩之餘得到更閒適的感受，迪士尼的管理者建議設計師在樂園裡的各遊樂設施之間種草坪，爲樂園增加許多生氣，遊客也可以在上面休息。

可問題是，當所有的草坪鋪完之後，才發現設計師居然忘了在草坪上留出路徑。這顯然是一項重大的疏忽。於是他們立即找到設計師，要求他在最短的時間裡設計好各個設施之間的路徑。

設計師微微笑了一下，告訴管理人員不要著急，等一個月再看。一個月之後，當管理人員再次來到樂園進行視察，他們驚訝地發現草坪上已經被踩出了一條條的小路，這時設計師告訴管理人員，請工人在遊客踩出的小路上修建整齊的路徑，這項設計後來被評選爲當年全球最傑出的設計之一。

84. 為客戶降低成本

「客戶第一」如今已經成爲企業取得成功的不二法門，可問題是，如何做到「眞正把客戶利益放在第一位」？這是所有關心客戶利益的企業都必須注重的問題。

從離開J．C．彭尼連鎖店，開始獨自經營富蘭克林加盟商店的那一天起，山姆．沃爾頓就始終把關注客戶需要放在全部工作的核心。他拒絕各種繁文縟節和層級複雜的組織形式，不願意用太多的時間來開會討論，即便公司在華爾街上市之後，他還是拒絕跟媒體搞關係。他相信，一個公司裡面最沒用的部門就是公關部門，而且他堅持認爲，只要把客戶照顧好，所有的問題都會迎刃而解。

當山姆成爲身家數十億的大老闆之後，還是維持著自己早期創業時的簡樸作風，經常開著一輛紅白相間的老式福特汽車到處視察自己的商店，看看自己的員工是否眞正把客戶照顧好了。

話說有一天，山姆來到沃爾瑪的競爭對手標靶（TARGET）商店的時候，突然發現該店某種品牌的洗髮水好像比自己商店裡的價格要低，於是他趕忙從口袋裡掏出小本子，把洗髮水的品牌名稱、生產日期、生產廠家等資訊記錄下來。然後他又急忙走進最近的一家沃爾瑪商店裡，找出同樣品牌、同樣功能的洗髮水，果然，標靶商店裡的洗髮水每瓶要比沃爾瑪商店裡便宜八美分，於是他急忙扯下價格標籤，衝進經理室，拿出一卷標籤，親自動手把該洗髮水的價格降低了十美分。

「我們的價格一定要比競爭對手便宜，」山姆對聞訊趕來的商店經理說道，「這是一種自覺的行為，不需要客戶監督。」

「可如果降低十美分的話，我們根本沒有利潤啊！」經理一臉委屈地說道。

「那就降低成本，」山姆一副不容置疑的樣子，「只要有可能，我們就必須時刻想著為客戶降低成本。」

85. 為客戶把關

當市場競爭日益激烈，客戶所面臨的選擇越來越多的時候，企業和客戶之間的關係，從本質上來說，應該是一種代理關係——因爲在競爭達到白熱化的情況下，企業和客戶之間會被不自覺地捆綁到一起。所以那些眞正優秀的企業經營者總是會把自己放到客戶代理人的位置上，凡事都設身處地地爲客戶著想。

我們知道，無論公司發展到什麼程度，山姆始終拒絕把公司總部遷離阿肯色州的本敦維小鎭，這也就意味著那些供應商們不得不奔波幾千里前來這裡向沃爾瑪推銷自己的產品。剛開始的時候，有人擔心這種做法會降低沃爾瑪供應商的熱情，要知道，除了應付長途奔波之外，供應商們還要跟老山姆的一批採購經理們展開一番唇槍舌戰——這些經理們都是山姆親自調教出來的砍價高手，個個身手不凡。

「我們是在爲客戶把關！」每當供應商代表爲了把價格稍微抬高一點而死纏硬磨的時候，經理們總會這樣告訴對方，「如果你不肯把價格降低到這個水準以下的話，恐怕我們沒法向客戶交待。」

「爲客戶把關」的信條不僅體現在商品品種和價格的選擇上，它還體現在商店地址的選擇上。山姆不但拒絕遷移公司總部的地址，還堅持在城市的郊區或者是小鎮上開設商店。他拒絕把商店地址選在繁華的鬧市，有人問他爲什麼要堅持這一決定，山姆這樣解釋道：「那樣不符合我們的原則，我們的最高原則是以最低的價格向顧客提供最好的產品，一切決定都要以此爲中心。」

按照山姆的說法，公司之所以堅持不把商店地址選在繁華地帶的原則，是因爲這樣做首先可以降低成本。毫無疑問，黃金地段肯定是黃金級的價格，這會使得商店無法爲客人準備好充足的停車位，給客人帶來極大的不便；又從客戶的角度來說，由於大家習慣在週末假日到商店採購，如果跑到市中心購物，他們勢必由於交通擁擠而浪費大量時間，把商店開在郊區的話，自然會大大減少時間的浪費。

86. 把熱情傳達給你的客戶

傳播學當中有這樣一種說法：傳播效果在很大程度上取決於受衆的眞實感受，如果傳播者所想要傳達的感覺跟受衆的眞實感受之間出現差距，那此次的傳播活動就可以說是失敗的。

當企業的經營者或者是一線的服務人員希望客戶感受到自己熱情的時候，他們就應當學會把這種熱情傳達給客戶，否則即便你內心充滿熱情，而客戶卻感覺不到的話，那也是毫無意義的。

在沃爾瑪公司創立的幾十年當中，沃爾頓先生始終堅持把客戶放在第一位，希望客戶能夠在沃爾瑪得到最獨特的購物體驗，爲此，他經常親自出現在各個沃爾瑪商店，鼓舞員工士氣，向員工傳達使顧客感覺更加良好的秘訣。

扭屁股舞就是爲了達到這個目的而進行的一項發明。在公司創立初期，沃爾頓曾經到韓國訪問，看到一家公司把所有員工都集合到操場上做早操，在早操結束之後，公司的管理者又開始帶著大家高呼口號。沃爾頓立刻被這種做法吸引了。

回到美國之後，沃爾頓很快爲自己的公司設計了一套著名的「扭屁股舞」，在推廣這套規範動作的最初階段，沃爾頓每天早晨都會跑到距離總部最近的一家沃爾瑪商店裡，帶領著大家一起高喊：「來一個W！」

於是下面的員工就會跟著一起喊：「W！」

然後他又喊道：「來一個A！」

大家就跟著喊：「A！」

……就這樣，當大家喊出了「WAL」之後，沃爾頓帶著大家扭一扭屁股（代表兩個單詞之間的那個星號），並繼續帶領大家喊出下面的「MART」。

當這一切都結束之後，沃爾頓就回向自己的員工大聲喊道：「誰是第一？」員工們立刻異口同聲地回答：「顧客第一！」

透過這種方式，沃爾頓成功地把自己「顧客至上」的理念傳達給員工，大大激發員工服務顧客的熱情，並提升了整個公司的服務品質。

87. 變革必須從小地方開始

「變革」如今已經成爲一個比較時髦的名詞，一夜之間，人們似乎發現自己對周圍的一切都開始感到不滿意起來，發動變革的口號比比皆是，各種各樣關於「如何進行變革」的圖書和講座也層出不窮。

到目前爲止，關於變革的一個最大誤解就是，人們似乎總是把變革看成一項宏大的工程，無數的變革管理專家們提出了自己關於變革的構想，變革的發展方向，以及各種實施變革的策略計畫……而從事實操作層面上來說，幾乎所有眞正取得成功的變革都是從小處開始的。一九九七年，哈佛大學管理學教授約翰．科特提出了著名的變革管理理論，他相信，成功的變革必然是從小的地方開始的。任何組織的運營，雖然必須要在一定的策略指導下進行，但都是由日常工作的各種細枝末節構成，所以成功的組織變革必然也要從小的地方開始。

SONY公司的變革之路就印證了這一觀點。

SONY公司創立初期，很多被派往國外的員工都因爲思念家人，而經常使用公司的電話打國際電話回家。時間一長，公司的電話費暴漲，這一情況也就很快引起了井深大的注意。

於是在井深大的授意下，公司定出一系列的規定，其中包括具體的電話使用規定，以及公司針對不同級別的管理人員給予一定的電話補助，還有一些關於濫用公司電話者將要接受怎樣懲罰的規定。

可即便如此，還是未能有效遏止員工撥打國際電話。

爲了徹底改變這種情況，井深大決定親自到公司在美國的總部，以出人意料而又非常有效的方式來發動一場變革。

到達美國公司的第二天，井深大召集全體員工開會，讓大家萬萬沒有想到的是，一向作風嚴格、極守時間的井深大居然沒有準時出現。正當大家交頭接耳，議論紛紛的時候，井深大出現了，只見他帶領著兩名搬運工人，抬著一個大箱子走進了辦公室，打開箱子一看，原來裡面裝滿了各種各樣的手套。這到底是什麼名堂呢？

會議開始了。井深大首先以一個笑話開頭，使得整個場面熱鬧起來，然後大家也開始你一言我一語地拉起了家常。正在這個時候，井深大開始命令兩位搬運公司把一堆手套倒在會議桌上，然後所有的與會人員每人分到了一把剪刀，「請大家拿起剪刀，然後像我這樣。」說完，只見井深大拿起一副手套，「喀嚓」一聲，剪了下去。

正當大家目瞪口呆的時候，井深大卻一邊鼓勵大家繼續聊天，一邊不停地剪手套，大家只好跟著一起剪起來……半小時後，一箱手套剪完了。

望著大家驚訝的表情，井深大嚴肅地對大家說道：「事實就是這樣，對於那些經常利用公司電話給國內親人打電話聊天的人來說，你們每講一分鐘，就等於剪掉了一副手套……」

從那以後，公司的電話費很快就降低了。

88. 分清哪些是必須堅持的，哪些是可以改變的

我們似乎總是生活在一個充滿矛盾的社會當中。一方面，幾乎所有的人都在叫囂著變革，彷彿一切事物發展的契機都在於改變眼前；而另一方面，又有另外一批人在鼓吹堅持，他們相信，那些已經被證明爲成功的做法是不應該進行改變的，否則就是死路一條。

人們很難忽視改變。有人把我們生活的這個社會比做一個巨大的飛輪，而且這些人相信，當周圍的一切都在迅速改變的時候，那些拒絕改變的人只會被甩出飛輪之外；但問題是，改變眞的能夠帶來轉機嗎？到目前爲止，似乎還沒有人能夠給出一個確定無疑的答案。

郭士納接管IBM公司的時候，他所面對的是一個結構繁瑣、組織僵化的龐大機構，公司創始人遺留下來的種種陳規陋習依然主宰著整個公司的運作：所有員工必須統一著裝，深藍色的西裝，潔白的襯衫，筆挺的領帶……將整個IBM公司籠罩在一片肅穆之中。

變革必須首先從細節開始，在接管公司之後不到兩個月的時間裡，郭士納就開始了潛移默化的改革。改革的第一步就是著裝。為了宣示告別公司傳統陋習的決心，公司的所有高級人員都要在著裝上進行自我改造，不僅如此，郭士納甚至還穿著便裝到公司……剛開始，這一舉動在整個公司總部引起了一場軒然大波，郭士納的做法引起了許多元老級人物的反對，甚至有人開始提請董事會重新考慮總裁人選。

可雖然壓力重重，郭士納還是挺了過來，在他的堅持下，公司開始向著新的業務方向發展，短短幾年時間裡，IBM就成功實現了由硬體銷售商到服務提供商的轉型，「IBM就是服務」再次成爲公司最響亮的口號。

幾年之後，當已經功成身退的郭士納接受一位記者的採訪時，他這樣回憶起當初的著裝事件，「我們必須分清哪些是可以改變，哪些是不能改變的。」他說道，「有些事情必須隨著環境的改變而改變，就像我們的服務那樣，必須做到隨需應變，因爲在不同的時代背景下，我們的客戶所面臨的需求是在不斷變化的；而另一方面，我們也必須做到堅持，尤其是堅持那些維繫公司傳統的準則，這其中最重要的就是公司第二任老闆小湯瑪斯．沃森的那句話『IBM就是服務』。」

89. 善於捕捉趨勢的人才能賺大錢

美國密西根大學一位著名的行銷專家曾經把銷售分成三個境界。

第一個境界是迎合市場需求，達到這種境界的經營者常常會努力設計那些能夠滿足當前市場需要的產品，並透過跟其他同類市場的激烈競爭進入市場，實現銷售和利潤。

第二個境界是提前預知需求，達到這種境界的經營者通常會根據自己對市場的判斷來進行生產，比如說，認定了今後市場上可能會需要怎樣的產品，他們就會根據自己的判斷來組織產品的生產和市場推廣，從而達到實現利潤的目的。

第三種境界則是製造需求，經營者想方設法讓自己的產品能夠爲消費者所接受，即便他們事實上並不需要這些產品。

事實表明，在當前日益激烈的市場競爭當中，眞正能夠輕鬆實現盈利的，是那些達到第二或第三種境界的人。

大名鼎鼎的微軟就是這樣一家公司。據說微軟公司有一條經營秘訣：無論進入任何一個軟體發展領域，一定要盡力佔領該領域百分之百的市場，即便不能做到這一點，也要盡力保持第一名的市場佔有率。在解釋這條原則的時候，比爾．蓋茲這樣說過：「那些擁有最高明的市場手段的人，往往是那些善於捕捉趨勢的人，只要能夠做到這一點，我們就能夠保持接近壟斷的市場佔有率。」

這句話用在默多克身上同樣適用。早在二次大戰結束之後，隨著技術的進步和經濟的發展，美國對於整個世界的輻射作用變得日益明顯。從那時起，默多克就意識到電視對於整個美國的意義，「當前在美國發生的事情遲早會成為整個世界的範本，」默多克這樣告訴自己的一位朋友。

從二十世紀五〇年代末期開始，默多克便定期訪問美國，他開始認眞研究美國電視業的發展趨勢、美國電視臺的業務模式、美國的節目製作特點等等，在此期間，他跟美國電視業的許多大亨級人物成爲好朋友，爲其在澳洲爭得一席之地，並於八〇年代進軍美國，爲參與美國電視市場的競爭做好了準備。

事實證明，只有那些最善於捕捉趨勢的人才能賺大錢。當默多克在美國瘋狂購買片源，並高薪聘請美國的電視工作人員到澳洲爲其攻佔市場的時候，他在澳洲境內的一些競爭對手才意識到了問題的嚴重性，後來雖然拼命阻撓默多克成立自己的電視臺，可也爲時已晚，只好眼睜睜地看著默多克用買來的美國節目吸引觀衆的目光，並從廣告商那裡掘走一桶又一桶黃金了。

90. 速度是成就一切的關鍵因素之一

在一次企業招聘會上，一家企業做了一個有趣的現場測試：讓三位應聘者在兩個小時內爲外國客戶選擇一套禮品。接到任務以後，三位應聘者就立即出發了。

甲在兩個小時內及時趕回，他爲客戶選擇了一條手帕，一套明信片，一盒點心，還有一張報紙；乙也在規定的時間內趕回來了，她也爲客戶選擇了一條手帕，一套明信片，一盒點心，還有一張報紙，跟甲不同的是，她還抽出時間爲客戶選擇了一套精美的包裝，使得原本成本不高的禮品顯得品味十足；相比之下，丙的禮品就比較有份量了，他爲客戶選擇了一幅古色古香的字畫，一方硯臺，一塊石印，還有一個給孩子的泥人玩具，可問題是，丙用了將近三個小時的時間。

最終的結果如何呢？這家企業選擇了乙。這家企業的代表說道：「我們之所以決定選乙，原因只有一個——她做得最快！毫無疑問，如果我們眞要送給客戶的話，等丙把禮品拿回辦公室的時候，客戶恐怕早已離開了。」

比爾．蓋茲曾經這樣告訴自己的同事，「微軟成功的秘訣不在於智商，而在於速度。」在這一原則的指導下，微軟甚至會把漏洞百出的軟體推向市場，把所有的瑕疵都留到下一個版本當中去解決，微軟總裁史蒂夫．鮑默爾的管理風格就完美地體現了比爾的這一原則。

眾所周知，軟體業是一個拼命強調速度的行業。聲稱「一種晶片從面市到被淘汰只需十八個月」的摩爾，同樣像一把懸在軟體公司頭頂上的利劍，時刻提醒著微軟公司的每一個工程師加快速度。

快些！快些！再快些！這是鮑默爾最常用的一個口號，幾乎在每一次的微軟員工會議上，他都會拼命督促軟體工程師們加快速度。九○年代末，微軟公司曾經一度因爲無法將Windows 2000系統及時推上市，而受到行業分析人士的懷疑，微軟公司的股票也一度因此而受到影響，跌幅最高時，股票價值下跌高達五美元。

正是在這種情況下，鮑默爾挺身而出，向包括比爾．蓋茲在內的微軟全體股東立下軍令狀，保證要在當年年底之前讓人們在商場的櫥窗裡看到Windows 2000系統產品。

在隨後舉行的誓師大會上，鮑默爾再次充滿激情地向所有參加Windows 2000產品研發的工程師們發出了呼籲：速度！速度！速度！如果我們不能在十一月底之前降伏這套該死的系統，那我們前期所做的一切都將毫無意義，微軟的前途關乎到在座每一個人的前途，我們必須不惜任何代價完成這項任務……

終於，在鮑默爾的鐵鞭下，微軟公司於當年十一月中旬完成產品的測試工作，並在月底之前將產品推向市場，又在隨後的三年當中穩穩佔領了全球五億台電腦的桌面。微軟的市值因之再度上揚，鮑默爾也一躍成爲全球第三大富豪，排名僅次於比爾．蓋茲和保羅．艾倫。

91. 培訓的重要性

員工培訓如今已經成爲各大公司的一個必要管理環節，據說在聯邦快遞，公司每年投入到員工培訓上的資金高達上億美元，通用電器公司、摩托羅拉公司，還有迪士尼公司甚至成立了專門的大學，以期實現對員工進行終生培訓。

爲什麼培訓會變得如此重要呢？麥肯錫一位著名的管理專家在自己的作品當中總結出培訓對於管理者的三大好處。

首先，培訓可以幫助管理者創造出更多的閒暇時間，即便你有著最出色、最善於學習的下屬，如果你不能夠爲他提供足夠的培訓機會，他也不可能眞正爲你分憂解難，因爲他或許根本不具備這種能力。

其次，培訓可以使你的同事更加幹練，從而使你們之間的合作更加密切和諧，使工作變得更加輕鬆有趣，同時也取得更好的工作業績。

最後，透過培訓，你跟周圍進行溝通的能力會得到進一步提升，從而使你的生活變得更加豐富多彩，你也將從生活當中獲得更大的回報。

相比之下，如果培訓不當或者根本不提供員工任何培訓的話，管理者的工作就會變得一團糟。在迪士尼樂園的發展歷史上，曾經發生過這麼一件有趣的事情。

一九五五年七月五日，一家迪士尼樂園開業兩天之後，迪士尼先生接到遊客的投訴，說該樂園湯姆．索亞島上那個扮演湯姆．索亞的小男孩居然動手打人。據那位親自打電話投訴的遊客說，這孩子打了所有到島上遊玩的小遊客。

迪士尼馬上把負責的經理叫到自己的辦公室，對此事展開調查。結果發現，扮演湯姆．索亞的那個男孩確實是迪士尼先生親自指定的一個小男孩，而且在正式開始表演之前，面試人員對這位小男孩進行了嚴格的面試，發現他與馬克．吐溫在小說中虛構的那位角色十分相似，而且他顯然是讀過馬克．吐溫的原著，並花了很長時間來模仿故事中的主人公那副機敏、淘氣，而又任性的神態。

聽到這裡，迪士尼馬上跑到公司副總裁那裡，衝著他大吼大叫起來，當一頭霧水的副總裁打開辦公室大門的時候，他聽到的第一句話就是：「你這個混蛋，告訴我，爲什麼我們這裡會出現員工毆打遊客的事情？」

副總裁立即反應道：「我也聽說了這件事情，既然這個孩子打跑了所有的小客人，我們就必須立即解雇他。」

「我看被解雇的應該是你，」迪士尼先生的反應更強烈了，「如果不對他進行培訓，他怎麼知道我們這裡的湯姆·索亞是不能打人的呢？」

92. 學會用法律救命

身爲世界上最大的群居動物，人類社會本身充斥著各種各樣的規則，在林林總總的各種規則當中，最爲規範化也最有約束力的，莫過於法律了。

剛出校門的大學生很少有人會意識到法律的重要性，而事實上，那些不懂得利用法律的人很可能會因爲不懂得規則而受到別人的傷害，使自己的努力成果功虧一簣，嚴重者會因此遭受更爲重大的損失。

相比之下，那些善於利用規則，知道如何透過法律手段保護自己的人，就能夠更加順利地進入社會，並在各種活動當中捍衛自己的權益，爲自己的勞動成功尋求保障，最終實現自己的各方面利益。

一九七五年，比爾．蓋茲和好友保羅．艾倫看到《大衆電子學》上「阿爾塔8080」電腦圖片的時候，他們突然意識到自己的機會來了。他們隨即撥通了這台機器的發明者埃德．羅伯茨的MITS公司電話，告訴對方自己可以爲「阿爾塔」研製Basic語言。在經過簡短的面談之後，蓋茲和艾倫沒日沒夜地在哈佛阿肯電腦中心工作了八個星期，終於爲這台電腦配上了Basic語言，使其能夠運轉起來，並從此爲人類進入新的電腦時代奠定了基礎。

每次談到這段經歷的時候，人們總是會把羅伯茨當成爲比爾·蓋茲的造就者，可事實上，當初兩人曾經一度相互憎惡，甚至在法庭上針鋒相對。事情的起因是這樣的：

Basic語言研製成功以後，艾倫開始進入MITS公司擔任軟體部經理，不久之後，蓋茲也加入了這家公司。雖然他們兩人都有親自創業的念頭，可在Basic語言得到市場充分接受之前，他們還是只能依附在羅伯茨的羽翼之下。根據當時雙方的協定，MIS公司有權在十年之內對Basic語言進行授權使用和轉讓，同時協議規定，在這段時間之內，蓋茲和保羅可以獲得十八萬美元的使用費。

可事到後來，雖然Basic語言順利地在市場上佔據了主導地位，而微軟公司也因此贏得巨大的市場，但就在此時，一件出人意料的事情發生了：羅伯茨將公司出售給Perterc公司。按照本來的約定，Basic語言的使用權應該歸屬新的公司所有，可蓋茲最終成功地運用法律武器捍衛了自己的權益，把使用權重新攬回到自己的懷抱，爲微軟公司接下來給通用電氣以及IBM公司等大客戶提供服務準備了必要的前提。

第八章　關於財富和生活

我們正處在一個很容易迷失的年代，而在這個年代，最容易讓人感到困惑的問題就是；財富和生活的本質是什麼？

93. 挖到金子不如挖到金礦

在進入這一節之前，讓我們先做一個小測試，問自己一下，如果有一個金子的礦石和一塊金子擺在你面前，你會選擇哪一個，是礦石還是金子？

我相信，大多數人都會選擇金子，因爲在他們看來，畢竟眼前的金子才是實實在在的，而礦石的產量只是未知數。

這是一件眞實發生的故事。西元十世紀的某一天，印度的一條大街上，有一位老者向兩位年輕人提出了這個問題。一位年輕人選擇了金子，另一位年輕人選擇了礦石。

十年之後，兩人再次相遇，選擇金子的那位年輕人已經是一文不名，而選擇礦石的那位年輕人卻成爲富甲一方的大亨——他把礦石帶回家裡研究，最終找到了礦石的來源地，結果爲自己發現了一座巨大的金礦。

無獨有偶，就在上個世紀六〇年代，默多克爲我們上演了這則故事的現代版本。

一九六八年，已經在澳洲奠定王國基礎的默多克開始大舉進入英國的報業。正如他的一貫做法那樣，默多克進軍英國報業是透過一連串收購與兼併開始的。在這一連串的兼併與收購過程當中，最重要的要數併購倫敦的王牌報紙之一《太陽報》。

一九六九年，當默多克在結束漫長的談判與等待，並最終將這家報紙納入麾下的時候，曾經有人向他提出這樣一個建議，「顯然，《太陽報》是一座金山，如果現在將它轉手出讓的話，你很可能因此得到兩倍於它的價格。」

可當時只有三十八歲的默多克顯然無法滿足於眼前的成就，兩座金山根本無法讓他感到滿意，「可我需要的是一座金礦，能夠保證源源不斷生產黃金的金礦。」默多克這樣告訴對方。

顯然，持續的利潤要比一次全拿更具有吸引力。從收購《太陽報》的那一刻起，默多克就源源不斷地雇了一批又一批狂熱的人來挖掘這座金礦，他們越挖越深，但金礦中的黃金好像總沒有枯竭的時候。不僅如此，《太陽報》還產生了巨大的社會效應，到了二十世紀九〇年代初期的時候，《太陽報》已是全世界銷售量最大的英文報紙，無論是從內容、標題，還是從新聞覆蓋面的角度來說，它都是當時最爲出色的一份報紙，事實上，就連那些一貫對默多克的做法不以爲然的人都不得不承認：《太陽報》已經成了一份富有智慧，而且極富思想性的報紙。

94. 學會善用金錢

多年前的暢銷書《富爸爸》改變了很多人對於財富的觀念，理財已經成爲一個相當時髦而且深入人心的話題。在這問題上，或許洛克菲勒的建議確實能夠給我們帶來一定的啓示。

洛克菲勒是一個非常知道如何運用金錢的人。他經常告誡自己的員工，無論進行任何形式的投資，都不能把目光放在當前，因爲「眞正賺錢的投資必定是長期的」。他還告誡自己的員工要懂得善用金錢，要學會如何讓金錢給自己帶來更多的效益，而不是淪爲金錢的奴隸。

有一次，洛克菲勒的公司打算蓋間倉庫，於是他請來了兩個建築工人：一個叫貝恩，一個叫哈勃。雙方商定工錢標準之後，就開始施工了。

很快，工程完工了，兩個人就按照約定到洛克菲勒的辦公室去領工資。洛克菲勒從抽屜裡取出現金，如數把工資支付給他們，等他們點清之後，洛克菲勒又對這兩位工人說：「你們有沒有想過應該如何使用這筆錢？？」

貝恩回答說自己確實沒有想過這個問題，而哈勃卻表示自己早已經想好了。

洛克菲勒對他們兩個說道：「年輕人，爲什麼不把錢投資到我的公司裡呢？我可以向你保證，你所得到的將是成倍的回報。」

貝恩聽了，覺得很有道理，當場便答應了。但是哈佛不願意，堅持要領現款。結果不出洛克菲勒所料，沒多久哈佛就把錢花光了；而貝恩因爲公司股票漲價，賺了不少錢，過不了幾年便成爲一個大富翁。

95. 財富的意義在於造福人類

當社會上大部分人每天都在思考如何獲取財富的時候，「如何使用財富」似乎是一個爲時過早的話題。但事實上，對財富的分配在很大程度上會影響一個人獲取財富的過程，而且最終也會影響財富所帶來的心理滿足程度。

我們知道，洛克菲勒基金會在人類歷史上是史無前例的，也可以說是獨一無二的。事實上，身爲人類歷史上一位著名的賺錢大師，洛克菲勒花錢的藝術也一度被認爲是「開創了歷史的先河」。

據說，在「解甲歸田」之後，除了每天打高爾夫，跟鄰居們聊天之外，洛克菲勒開始把思考的焦點由「如何賺錢」轉爲「如何花錢」，他開始考慮如何把自己的財富散播給那些需要它們的人，使自己累積的財富眞正有益於人類。

在跟朋友鄰居們聊天的過程當中，洛克菲勒瞭解到這個世界上有很多具有遠見卓識的人，他們正在從事許多有意義的工作，可他們卻過著很貧窮的生活；有很多人都在進行對整個人類具有重大意義的研究，卻經常苦於經費短缺；有很多人夢想著成立自己的大學，可他們買不起土地，蓋不起教室；還有許多醫生在努力與疾病戰鬥，可因爲缺乏經費，許多計畫都無法實施……在瞭解到這一切之後，洛克菲勒決定幫助這些人類先驅者，爲他們提供經費，幫助他們。

洛克菲勒基金會就是在這種情況下成立的。根據洛克菲勒的孫子大衛．洛克菲勒的回憶錄所記載，在洛克菲勒去世之前的大約二十年時間裡，洛克菲勒一共向該基金會捐贈了總額超過一．五億美元的資金，其價值相當於今天的二十多億美元，成立一百多年來，洛克菲勒基金會捐助了無數的醫療衛生、民間教育、世界和平、扶助貧困等專案，爲整個人類的發展發揮巨大的推動作用。

96. 最有意義的財富不是金錢，而是健康

雖然健康問題已經日益受到關注，但一個不爭的事實就是：對於很多人而言，健康仍然沒有得到足夠的重視。很多人甚至爲了工作而放棄休息和健身的機會，而且更加令人感到擔憂的是，這種習慣竟然會得到很多人的提倡。

事實上，爲了工作而放棄健康是一種非常危險的做法，而那種認爲「沒時間」所以放棄關注健康的想法更是極端危險。

號稱「世界上第一個億萬富翁」的老約翰．洛克菲勒從來就無愧於他自己的這一稱號。早在十九世紀中後期，洛克菲勒就意識到石油在未來世界中的巨大作用，雖然當時石油的主要用途還是被用來照明（當時人們主要從石油當中提煉煤油），而且汽車還遠未問世，但老洛克菲勒就已經開始像「強盜」一樣，在美國西部展開了一系列的大規模收購。到了十九世紀下半期的時候，整個美國石油資源的九〇%都已經掌握在了洛克菲勒手中，洛克菲勒也因此被人們痛恨地稱爲「強盜男爵」，可儘管如此，他還是不夠滿意，一直在爲自己沒有能夠得到其他的一〇%而耿耿於懷。

一個人達到了如此的成功顚峰，他還會需要什麼呢？答案或許出乎很多人的意料，那就是：健康。

就在他五十三歲那年，早已功成名就的洛克菲勒面臨一個嚴酷的現實——無論用多少財富，都不能爲他帶來健康。

早在三十三歲那年，他就賺到了自己的第一個一百萬。到了四十三歲，他建立了一個世界最龐大的壟斷企業——美國標準石油公司。可到了五十三歲的時候，他又成就了什麼呢？

他成了憂慮的俘虜。充滿憂慮及壓力的生活早已摧毀了他的健康，根據他的傳記作者溫格勒的說法，洛克菲勒在五十三歲時，看起來就像個僵硬的木乃伊。

洛克菲勒原本體魄強健，他是在農莊長大的，有寬闊的肩膀，邁著有力的步伐。可是，正當壯年的時候，他卻肩膀下垂、步履蹣跚。

他是世界上最富有的人，卻只能靠簡單飲食爲生。他每週收入高達幾萬美金，可是他一個星期能吃得下的食物卻要不了兩塊錢。醫生只允許他喝酸奶，吃幾片蘇打餅乾。他的皮膚毫無血色，那只是包在骨頭上的一層皮。他只能用錢買最好的醫療，使他不至於五十三歲就離開人世。

「我從來沒有感覺到健康是如此重要，」洛克菲勒有一次告訴自己的家人，「如果有可能的話，我願意用我的所有財富去交換健康。」

或許正是因爲自己的這一場大病，洛克菲勒開始聘請專門的保健醫生爲自己制定健康訓練計畫，並爲自己聘請心理醫生來舒緩心情……終於，在經過精心調理之後，洛克菲勒的身體狀況大爲好轉，並一直活到了九十三歲高齡。在他給自己子女的遺訓當中，洛克菲勒這樣告訴自己的兒子：「你所能留給自己孩子最好的禮物不是金錢，而是一個健康的身體！」

97. 洛克菲勒的健康哲學

很多人都知道，洛克菲勒曾經一度是這個世界上最富有的人，他從一個週薪七美元的打工族，一躍成爲美國標準石油公司的創始人，並在有生之年捐資興建了聯合國大廈，對國際政治事務產生重大影響，並爲維護世界和平做出了自己的貢獻。

除了在工作上兢兢業業之外，洛克菲勒在照料自己和管理家庭方面可以說是同樣出色。比如說，洛克菲勒經常訓練自己的孩子，孩子們上學的時候，他總是告誡孩子們一定要學會自己去上學，而家庭司機只能開車遠遠在後面跟著。「孩子從小就要學會親近自然，這樣會給他一個好的身體。」

洛克菲勒還親自教會了兒子游泳，只要一有時間，他就會帶著兒子在自家的游泳池裡暢游上一兩個小時，並經常帶領著一家人舉辦各種各樣的家庭運動會，一方面經營家庭氣氛，使家人的關係更加親密，另一方面也可以達到強健身體的作用。

五十三歲那年，洛克菲勒被診斷患了一種當時無法治癒的絕症，正是這件事情徹底改變了洛克菲勒對於健康的觀念。「或許人只有在處於我那種情況下才眞正明白生命的意義，」洛克菲勒這樣告誡自己的子女，「因爲只有在那個時候，一個人才會眞正深切地體會到健康的價值，以及身體對於我們每個人的意義——在我看來，一個人最重要的工作不是賺錢，而是經營自己的身體，因爲它實際上就是我們的全部。」

98. 讓孩子從小就憑自己的本事掙錢

就在幾年前，當比爾．蓋茲宣佈要在自己逝世後，將所有財產都捐獻給慈善基金會，曾經引起熱烈討論。對於很多中國人來說，他的這種做法實在無法理解！

可事實上，早在自己年輕時代，比爾就體會到自立的重要性，他的父親使他相信，雖然優越的家庭環境可以使一個人接受更好教育、接觸到更多機會，但這個人能夠從自己的環境中吸收多少養分以及利用機會，卻要靠自己努力。

優越的家庭環境或許能夠帶給一個人享受生活的條件，但如果這個人想要在自己的生活中獲取成功，並在邁向成功的過程中實現最大滿足的話，他就必須學會培養自己不斷奮進的源頭動力，學會眞正地靠自己去成功。

我們知道，比爾．蓋茲出生在美國西雅圖，他的父親威廉．蓋茲是位有名的律師，他的祖父曾經是美國最著名的銀行家之一，如此境遇的蓋茲，可謂是「啣著金湯匙出生」。

可雖然身世顯赫，比爾事實上並沒有從父母那裡得到多少支援。回憶自己二十多年經營微軟的經歷，他只記得自己早期從MITS公司的羅伯茨手裡奪回Basic語言權利的時候，得到過父親的幫助，除此之外，微軟跟老蓋茲實際上並沒有太多關係。

從另一方面來說，老蓋茲也一直在注意培養孩子的獨立精神。蓋茲很小的時候，父親就讓蓋茲懂得靠自己、憑本事掙錢的道理。小蓋茲每個月的零用錢都是透過自己的努力從父母那裡換來的，不僅如此，父母還會根據蓋茲工作水準的高低來調整給他的報酬，藉以培養他工作的信心和幹勁。

還在湖畔中學讀高中的時候，蓋茲就和幾位朋友一起爲市里的交通部門開發了一種測量道路交通量的軟體，並透過競標的方式得到了這筆業務。就在聽說這件事情的當天晚上，老威廉在兒子的房間裡留下了一張便條：恭喜你透過自己的勞動又賺到了一筆，兒子，我以你爲榮！

99. 友誼是成功的最關鍵因素之一

人是情感的動物，一個情感有缺失的人不可能是一個成功的人。而友誼是這個世界上最美妙的情感之一，無論是從生活還是從事業的角度來說，都是如此。真正的友誼帶給人們的不僅僅是心靈上的慰藉，還能給人們帶來事業上的成功。

偉大的友誼能夠造就偉大的事業。當今很多人似乎把各種情感當成事業發展的羈絆。忙忙碌碌當中，很多人已經忘記去關照自己的親朋好友，更有一些人把跟家人在一起看成是浪費時間。而事實上，只要稍微關心一下許多成功人士的發展歷程，我們就會發現，友誼在很多成功者的生活當中，確實扮演著極爲重要的角色。惠普公司的發展歷程就爲我們提供了良好的例證。

惠普公司是世界上最偉大的公司之一。它成立於一九三七年，正式命名於一九三八年，公司創始人是兩位史丹福大學的畢業生，創立地點是在美國加利福尼亞州帕拉奧托遞森大街三六七號的一間車庫裡。

惠普公司同時又是最浪漫的公司之一，兩位創始人大衛·帕卡德和比爾·休利特的老師特曼先生之所以熱情地鼓勵他們合夥開公司，就是因爲他不想讓這兩個好朋友分開。

一九三○年，大衛和比爾同時來到史丹福大學就讀，倆人相識也是從那一年開始，並從此維繫終生。在學校的時候，大衛是一位絕對中規中矩的學生，他按照老師的要求完成所有作業，並且是學校橄欖球隊的主力隊員。相比之下，比爾則是班上最調皮的搗蛋蟲，他曾經把活金魚帶到教室裡，也曾經設計把一桶水澆到老師頭上。

可就是這樣一對截然相反的學生，卻成爲惺惺相惜的朋友。一九三四年畢業之後，倆人一起到美國科羅拉多州的聖胡安山脈進行了一次爲期兩周的露營，並從此開始了倆人之間的偉大友誼，這種友誼一直持續到其中一人離世的那一天爲止。

「我要感謝大衛．帕卡德，」在摯友的喪禮上，比爾這樣說道，「他使我度過了六十多年的美好歲月，如果不是因爲他的友誼，這個世界上根本不會有惠普公司，同樣，在過去的六十年裡，眞正推動公司不斷向前發展的，不是技術進步，而是友誼和信任。」

100. 婚姻是人生最重要的投資

無論社會發展到如何程度，婚姻始終是人一生當中最重要的事情之一。如今，隨著價值日益趨向多元化，人們對於婚姻的觀念也在悄悄發生著變化，有些人開始從實際的物質利益角度來考慮婚姻，有的人爲了滿足自己的感情生活去追求兩個人的結合，還有很多人則是希望能夠找到平衡的婚姻生活，不僅如此，關於婚後的生活，人們的看法也開始呈現出多元的趨勢。

那麼，世界上第一個億萬富翁是如何看待婚姻的呢？

據說有一次，參加完女兒伊莉莎白在聖蘇菲亞大教堂舉行的隆重婚宴後，洛克菲勒驅車帶著自己的兒子西恩回到鄉間別墅。這天晚上，父子倆坐在別墅的花園裡聊天。當晚和風送暖，一切都讓人陶醉。

「怎麼啦，我的孩子？」洛克菲勒發現西恩好像是有什麼心事，「你是不是遇上什麼煩惱了，能告訴爸爸嗎？」

「爸爸，我也想結婚！」西恩直接回答道。

洛克菲勒靠在籐椅上，慈祥地對兒子笑了，說道：「是不是看你姐姐很幸福？」

「我的很多朋友也都結婚了，我想我也該考慮了。」

「是啊，你確實應該考慮了，我的孩子，可是我建議你一定要認眞考慮，因爲不幸福的婚姻將會給你帶來巨大的精神痛苦，就好像銀行裡的存款一樣，如果投資合理的話，你就能夠從生活中得到更多的快樂，否則，你就很可能會陷入巨大的痛苦之中。」

「婚姻是投資？這種說法很新鮮！」西恩與父親半開玩笑地說。「那我應該選擇怎樣的投資對象呢？」

「這完全取決於你自己，不過我的建議是，你應該選擇那些溫柔善良，有著良好人品的女性，千萬不要接近那些喜歡說三道四，或者是性格貪婪的女人。在決定跟一位女士結婚之前，你應該學會問自己這樣幾個問題，這位女士是否活躍？是否愛清潔？是否有幽默感？只要具備了以上三種品質，你將來的生活就會安寧幸福。不僅如此，在遭遇人生任何危機的時候，你們都必須抱持相互尊敬愛戴的信念一起去解決問題，永遠不要想著要和對方分手。」

國家圖書館出版品預行編目資料

做事之前先懂事／楊秉力著.
－－第一版－－ 臺北市：知青頻道出版；
紅螞蟻圖書發行，2011.7
面　　公分－－
ISBN 978-986-6276-90-3（平裝）

1.自我實現 2.成功法

177.2　　100011340

做事之前先懂事

作　　者／楊秉力
美術構成／Chris' office
校　　對／周英嬌、楊安妮、朱慧蒨
發 行 人／賴秀珍
榮譽總監／張錦基
總 編 輯／何南輝
出　　版／知青頻道出版有限公司
發　　行／紅螞蟻圖書有限公司
地　　址／台北市內湖區舊宗路二段121巷28號4F
網　　站／www.e-redant.com
郵撥帳號／1604621-1　紅螞蟻圖書有限公司
電　　話／(02)2795-3656（代表號）
傳　　真／(02)2795-4100
登 記 證／局版北市業字第796號
港澳總經銷／和平圖書有限公司
地　　址／香港柴灣嘉業街12號百樂門大廈17F
電　　話／(852)2804-6687
法律顧問／許晏賓律師
印 刷 廠／鴻運彩色印刷有限公司
出版日期／2011年 7 月　第一版第一刷

定價 240 元　港幣 80 元

ISBN 978-986-6276-90-3　　**Printed in Taiwan**